INVENTAIRE R.13613

Rº 528

REPONSE
AUX REFLEXIONS CRITIQUES
DE M. DU HAMEL,
Sur le Systeme Cartesien
DE LA PHILOSOPHIE
DE Mr REGIS.

Par PIERRE SYLVAIN REGIS.

A PARIS,

Chez JEAN CUSSON, ruë S. Jacques,
à l'Image de S. Jean Baptiste.

M. DC. XCII.

AVEC PRIVILEGE DU ROY.

A
MONSIEUR
DU HAMEL;
LICENTIE' EN THEOLOGIE
de la Maison & Societé de Sorbonne, cy-devant Professeur de Philosophie au College du Plessis-Sorbonne, dans l'Université de Paris.

ONSIEUR,

Comme la Critique que vous avez faite de mon Système de Philosophie, est le comble de la gloire à laquelle

á ij

EPITRE.

je pouvois aspirer, & la seule recompense digne d'un si long travail, il n'y a que vous à qui j'aye dû consacrer les réponses à vos difficultez; parce que je les regarde comme votre ouvrage, & que je suis persuadé que ce sera assez que vous daigniez les lire pour m'attirer l'approbation du public, & pour produire en moy toute la satisfaction & toute la complaisance qu'un Auteur peut raisonnablement avoir pour ce qu'il a fait. C'est ce que vous proteste,

MONSIEUR,

Votre tres-humble & tres-
obeïssant serviteur,
REGIS.

PREFACE.

Ceux qui sçavent les contestations qui sont entre les Philosophes anciens & les modernes, reconnoîtront sans peine que les Reflexions Critiques de M. du Hamel sur mes Ecrits, regardent plûtost la doctrine de M. Descartes en general, que mon Systeme de Philosophie en particulier. Il ne faut que lire le titre des Chapitres de son Livre, pour voir qu'il y met en question toutes les opinions particulieres de M. Descartes, & qu'il n'attaque les miennes que par accident, c'est à dire, entant qu'elles conviennent avec celles de ce Philosophe. C'est pourquoy j'eusse pû me contenter de répondre aux difficultez qui me regardent precisément, sans me mettre en peine des autres : Mais comme M. du Hamel m'a fait l'honneur de me demander des éclaircissemens, & que j'ay préveu que ce qui luy faisoit de la peine, pourroit en faire à bien d'autres ; j'ay crû que je ne travaillerois pas inutilement pour le public, si j'entreprenois de répondre en general à

PRÉFACE.

toutes les difficultez qu'il a proposées, & qui n'ont pas esté resoluës ; car pour celles qui l'ont esté, j'ay évité le plus qu'il m'a esté possible, d'y toucher, de crainte que je ne fatigasse mon Lecteur par des redites qu'on sçait bien n'estre que trop ordinaires dans les ouvrages de cette sorte.

C'est par cette raison que je m'estois abstenu d'abord de répondre aux difficultez contenuës dans les quatre premiers Chapitres : Mais ayant consideré depuis que ceux qui liront cet ouvrage, n'auront peut-estre pas tous ceux qui contiennent les réponses à ces difficultez, j'ay crû qu'il seroit encore plus à propos de mettre ces quatre Chapitres à la fin de mon ouvrage, ne pouvant plus les mettre au commencement, que de laisser le Lecteur dans l'embarras de pouvoir se satisfaire sur ces mesmes difficultez. On verra donc bien que j'ay dû par la mesme raison ajouter les réponses au septiéme, & au trente-deuxiéme Chapitres.

Cependant pour avoir une idée la plus distincte qu'il est possible de mes réponses en general, il faut remonter jusqu'à l'origine des objections de M. du Hamel, & remarquer qu'elles procedent au moins de trois sources.

La premiere est, que puisque j'avois eu

PRÉFACE.

grand soin de définir tous les mots dont je me suis servy dans mon Systeme, & d'y attacher pour l'ordinaire des idées fort differentes de celles que les Scolastiques y attachent, M. du Hamel devoit naturellement parlant, prendre ces mots selon mes idées, plûtost que selon celles des Scolastiques ; ce que n'ayant nullement fait, on ne doit pas estre surpris s'il a crû que j'étois tombé dans ce grand nombre de paralogismes & de contradictions qu'il m'attribuë, mais qui ne procedent, comme je le feray voir, que du peu d'attention qu'il a apporté à lire mon ouvrage.

C'est de ce mesme principe que dépendent les objections qu'il fait dans le Chapitre vingt-unième, où il tâche de prouver que si la puissance de Dieu estoit separée de l'acte, il s'ensuivroit que Dieu auroit produit le monde de toute eternité, & par consequent que le monde seroit eternel : car cette difficulté procede uniquement de ce que M. du Hamel attache aux mots de *temps*, & *d'eternité*, des idées tout à fait differentes de celles que j'y ay attachées dans le quinziéme Chapitre de la premiere Partie du premier Livre de la Metaphysique. Je n'eusse pas laissé cependant de répondre à cette objection, si je l'avois pû faire en peu de mots ; mais com-

PREFACE.

me j'estois obligé de rapporter tout ce 15. Chapitre, j'ay mieux aimé y renvoyer le Lecteur ; persuadé comme je suis, que ceux qui le liront n'auront aucune peine à concevoir que Dieu peut avoir produit le monde de toute eternité, c'est à dire, par une action eternelle, sans qu'il soit necessaire pour cela que le monde soit eternel. Toutes les autres difficultez proposées dans ce Chapitre, dépendent encore de l'équivoque des mots d'*estre permanent*, d'*estre successif*, d'*estre modal*, d'*estre substantiel*, &c. lesquels j'ay définis dans les cinquièmes & sixièmes Reflexions Metaphysiques, & dans le quinziéme Chapitre cité cy-dessus.

La deuxiéme source des Reflexions Critiques de M. du Hamel, vient de ce qu'il n'a presque jamais determiné precisément le point de la question qu'il traite. Par exemple, dans la premiere Partie, chap. 3t. il a examiné, *Si l'idée de l'esprit est la substance de l'ame*: au lieu que le vray point de la question est sçavoir : *si l'ame connoist les esprits par sa propre substance*. Or ces deux propositions sont tout à fait differentes ; aussi les Cartesiens en admettent-ils une, & rejettent l'autre. Il a examiné encore dans le 24. Chapitre, *si l'union de l'esprit & du corps consiste formel-*

PREFACE.

lement dans la dépendance mutuelle de leurs fonctions, & dans la volonté de Dieu; au lieu que la vraye question est sçavoir, si l'union de l'esprit & du corps consiste dans la mutuelle dépendance de leurs fonctions, & si la volonté de Dieu est la cause efficiente premiere de cette union. Ce qui est tout different: car dans l'examen de M. du Hamel la volonté de Dieu est prise pour la cause formelle de l'union de l'ame & du corps; & dans l'affaire dont est question, on veut sçavoir si elle en est la cause efficiente; & ainsi du reste.

La troisiéme source des objections consiste, en ce que M. du Hamel pour faire paroître que la doctrine des Cartesiens est contraire à la foy, ou à quelque maxime receuë parmy les Scolastiques, a changé quelques mots, ou en a ajouté d'autres qui n'appartiennent en rien à la question dont il s'agit. Il a fait le premier dans le troisiémeChapitre de la seconde Partie, où il a mis le mot *determiné* à la place du mot *particulier* qui se voit au titre de ce Chapitre, afin de pouvoir par ce changement appliquer à la question presente cet axiome de l'Ecole (à laquelle neanmoins il n'a nul rapport) *sicut se habet indeterminatum ad indeterminatum, ita determinatum ad determinatum*. Il a fait le second dans le

PREFACE.

Chapitre 36. de la premiere Partie, page 165. ligne 10. où il a ajouté le mot de *necessité*, lequel n'est aucunement de la question; la question estant uniquement de sçavoir: si Dieu est tres *determiné de luy-mesme*, & non pas s'il est *necessité*: car ce sont deux choses que chacun sçait estre d'autant plus opposées, *qu'estre tres determiné de soy-mesme*, c'est estre souverainement libre; ce qui convient parfaitement à Dieu: & qu'*estre necessité*, c'est estre contraint & forcé; ce qui ne sçauroit convenir à cet estre infiniment libre.

Outre les raisons particulieres qui ont fait naître les difficultez de M. du Hamel, il y en a une generale qui rend la pluspart de ses objections inutiles. Cette raison est, qu'au lieu de proposer de nouvelles difficultez, il s'est contenté de renouveller celles qui ont esté déja proposées: au lieu que pour pousser les questions plus loin, & pour rendre par ce moyen ses objections plus utiles, il falloit dire quelque chose de nouveau, ou au moins combattre les explications qui avoient esté données sur ce qui avoit esté auparavant proposé: ce qu'il n'a pas fait, comme il paroîtra dans la suite.

Cependant pour comprendre plus aisément l'ordre & la disposition de mes ré-

PREFACE.

ponses, il faut remarquer que je suis pas à pas M. du Hamel, en luy répondant Chapitre par Chapitre. Et parce que chaque Chapitre contient d'ordinaire plusieurs objections differentes, j'ay mis immediatement & regulierement ma Réponse au bout de chaque objection en particulier: Et pour faciliter encore davantage l'intelligence du Lecteur, j'ay fait mettre les objections de M. du Hamel en plus petit caractere que mes Réponses.

Extrait du Privilege du Roy.

PAR grace & privilege du Roy donné à Paris le 29. jour du mois de May 1692. signé, de Saint Hilaire ; Il est permis à PIERRE SYLVAIN REGIS, de donner au public les Réponses par luy faites au Livre intitulé, *Reflexions Critiques sur le Systeme Cartesien de la Philosophie de M. Regis, par M. Jean du Hamel, &c.* & le faire imprimer, vendre & debiter par tel Imprimeur ou Libraire qu'il voudra choisir, pendant le temps & espace de six années consecutives; avec défenses à tous autres Imprimeurs & Libraires de l'imprimer, vendre & debiter sous quelque pretexte que ce soit, sans le consentement de l'Exposant ; à peine de trois mille livres d'amende, confiscation des exemplaires, & de tous dépens, dommages & interests, ainsi qu'il est plus amplement porté par l'original.

Registré sur le Livre de la Communauté des Imprimeurs & Libraires de Paris, le 2. Juin 1692. Signé P. AUBOUYN, Syndic.

Ledit sieur Regis a cedé le present Privilege à Jean Cusson, Imprimeur & Libraire à Paris, pour en jouïr suivant l'accord fait entr'eux.

Achevé d'imprimer pour la premiere fois, le 30. jour d'Aoust 1692.

REPONSE

REPONSE
AUX
REFLEXIONS CRITIQUES
de M. Jean du Hamel, Licentié en Theologie de la Maison & Societé de Sorbonne.

Sur le Systeme Cartesien de la Philosophie de Mr. Regis.

CHAPITRE PREMIER.
Du doute que les Cartesiens exigent pour la recherche de la verité.

CHAPITRE II.
Si le doute des Cartesiens est serieux, effectif & absolu.

CHAPITRE III.
Si ce doute est general, & s'il s'étend jusqu'à leur propre pensée.

CHAPITRE IV.

Si aprés un doute general on peut s'assurer de quelque chose.

IL n'y a rien dans ces quatre premiers Chapitres qui n'ait esté objecté à Mr. Descartes. On voit ses réponses dans les pages 196. 448. 500. 501. des Meditations Metaphysiques. L'Auteur de la Censure de la Philosophie Cartesienne a refait les mesmes objections dans le premier Chapitre de son Livre, & je luy ay répondu dans ce mesme chapitre article par article, ce qui fait qu'il seroit inutile de s'arrester davantage sur ce sujet ; il vaut mieux passer à quelque chose de plus important.

CHAPITRE V.

Ce qu'on doit entendre par le mot d'idée.

M. du Hamel dit dans le 5. chapitre, que les Cartesiens fondent toute leur certitude sur la doctrine des idées, sans en avoir jamais donné aucune notion fixe ; ce qui estoit pourtant necessaire pour leur systême.

Je ne sçay pas pourquoy il reproche aux Cartesiens, qu'ils n'ont pas fixé la signification du mot *d'idée :* car outre que j'ay prouvé dans la Réponse à la Censure de la philosophie Cartesienne, que par le mot *d'idée* M. Descartes a entendu les perceptions de l'esprit, j'ay encore définy ce mot dans la Logique, part. 4. chap. 9. nomb. 4. mais encore mieux dans la Metaphysique, liv. 1. part. 1. chap. 2. nomb. 4. où je parle en ces termes : Comme il y a des manieres de penser qui ne me font connoître que ce qui se passe en moy, & qu'il y en a d'autres qui me font connoître ce qui est hors de moy ; pour marquer cette difference, je nommeray les premieres des *sentimens* ou des *sensations* ; & j'appelleray les dernieres des *idées* ou des *perceptions*. Peut-on déterminer plus precisément la signification du mot d'idée?

Il rapporte en suite ce que les Philosophes & les Theologiens ont entendu par le mot d'idée, auquel ils ont donné selon luy quatre significations differentes ; de sorte neanmoins que par le mot d'idée ils entendent plus souvent la perception actuelle d'un objet, qu'aucune autre chose.

Les Philosophes & les Theologiens peuvent entendre tout ce qu'ils voudront par le mot d'idée, pourveu qu'ils nous en avertissent. Et mesme M. du Hamel demeure d'accord qu'ils conviennent avec nous en ce que par le mot *d'idée*, ils entendent plus souvent la perception actuelle d'un objet qu'aucune autre chose.

Il ajoute, que j'avertis dans la Réponse à la Censure de la Philosophie Cartesienne, chap. 4. art. 2. que M. Descartes n'a jamais entendu par le mot *d'idée*, l'objet auquel nous pensons, mais seulement l'action de l'ame par laquelle nous pensons à cet objet : d'où il conclut que selon mes principes, les mots *d'idée*, *d'application d'esprit*, *de perception*, *de pensée*, sont des termes synonimes. Aprés quoy il va examiner en particulier tous les axiomes des idées sur lesquels les Cartesiens fondent leur certitude.

Il est vray que j'ay dit au lieu cité, que M. Descartes n'a jamais entendu par le mot d'idée, l'objet auquel nous pensons, mais seulement l'action de l'ame par laquelle nous pensons à cet objet ; mais cela ne veut pas dire que selon moy les mots d'idée, d'application d'esprit, de perception, de pensée, soient synonimes ; je soûtiens au contraire, qu'ils ont des significations aussi differentes que le genre est different de l'espece ; car le mot de *pensée* pris en general pour une modification de l'ame est un genre dont l'idée & la perception ne sont que des especes. A quoy il faut ajouter, que l'application d'esprit, que les Cartesiens disent estre si necessaire pour acquerir la verité, n'est pas proprement une idée, & que l'Auteur de la Censure l'a tres bien définie dans le chap. 2. art. 4 en disant qu'elle est une attention d'esprit qui nous attache fortement à considerer les choses que nous voulons connoître, sans faire reflexion aux autres. On peut donc assurer que le mot d'idée est fixé, & que sa signification n'a rien d'indéterminé parmy les Cartesiens.

CHAPITRE VI.
De l'estre formel & objectif des idées.

J'ay dit dans le second livre de la Metaphysique, part. 1. chap. 19. nomb. 1. que par l'estre formel des idées j'entens la proprieté qu'elles ont d'estre des modifications de l'ame, & que par leur estre objectif j'entens la proprieté qu'elles ont de representer leurs objets.

M. du Hamel assure que cette maniere d'expliquer l'estre formel & l'estre objectif des idées, est non seulement embroüillée, mais encore fausse, parce qua la vertu de representer que les Cartesiens appellent *l'estre objectif* des idées, appartient essentiellement à l'estre formel des idées, comme la difference essentielle appartient à l'estre formel d'une chose. Il dit donc que l'idée prise selon son estre formel enferme deux choses; l'une comme son genre, & l'autre comme sa difference. Elle enferme la vertu de modifier comme son genre ; puis que l'idée a cela de commun avec les autres modifications, qu'elle modifie son sujet ; & elle enferme la vertu de representer comme sa difference, puis que l'idée a cela de propre, qu'elle fait connoître son objet.

Il y a une grande difference entre l'estre

formel des idées, & la raison formelle des idées : la raison formelle des idées embrasse deux choses, leur genre & leur difference ; leur genre comme leur matiere, & leur difference comme leur forme ; & à cet égard la matiere des idées est la proprieté qu'elles ont de modifier l'ame, & leur forme est la vertu qu'elles ont de representer les objets. Au contraire, par l'estre formel des idées M. Descartes & les Cartesiens entendent, non la vertu de representer les objets, mais la proprieté de modifier l'ame, laquelle si l'on veut, a aussi son genre & sa difference : son genre est de modifier en general ; & sa difference est de modifier l'esprit plûtost que le corps. L'estre objectif des idées renferme pareillement un genre & une difference. Le genre de l'estre objectif des idées est de faire connoître, ce qui est commun aux idées & aux sensations ; & sa difference est la proprieté de faire connoître les choses telles qu'elles sont en elles-mesmes, au lieu que les sensations ne les font connoitre que telles qu'elles sont à notre égard. On peut donc dire que M. du Hamel s'est trompé, en prenant l'estre formel des idées pour la raison formelle des idées, laquelle est quelque chose de bien different, selon les principes des Cartesiens. Or que M. Descartes entende par l'estre formel des idées ce que je viens de dire, cela est évident par ce qu'il a écrit dans la troisiéme Meditation, nomb'. 18. où il parle ainsi de l'estre formel des idées : On doit sçavoir que toute idée estant un « ouvrage de l'esprit, sa nature est telle, « qu'elle ne demande de soy aucune autre « realité formelle que celle qu'elle reçoit de « la pensée dont elle est seulement un mode. « Et parlant en suite de l'estre objectif des idées, il ajoute : Or afin qu'une idée con- « tienne une telle realité objective, plûtost « qu'une autre, elle doit avoir sans doute « cela de quelque cause dans laquelle il se « rencontrera pour le moins autant de rea- « lité formelle, que cette idée contient de « realité objective.

Il tombe d'accord que les Philosophes & les Theologiens distinguent les idées en leur estre formel & en leur estre objectif ; mais il dit que c'est dans un sens tout opposé à celuy des Cartesiens : car ils entendent par l'estre objectif des idées, non la proprieté de representer, mais la vertu d'estre representé.

Je l'ay déja dit, & je le repete encore, il est permis aux Philosophes & aux Theologiens de définir les mots comme ils voudront, pourveu qu'ils en avertissent ; ils peuvent donc entendre par l'estre objectif des idées, l'objet mesme, entant que representé par les idées : mais par la mesme raison aussi il doit estre permis

A iiij

aux Cartesiens d'entendre par ce mot, la propriété que les idées ont de faire connoître leurs objets. Il semble mesme qu'il y a plus de raison de faire consister l'estre objectif des idées dans une representation active, que dans une representation passive: Car comme par l'estre objectif des idées on entend quelque chose qui est dans les idées, il semble bien plus à propos de le faire consister dans la representation active des idées, qui appartient aux idées, que dans la representation passive des objets, qui n'appartient pas aux idées.

CHAPITRE VII.

Si l'évidence est le vray & unique caractere de la verité.

Toutes les difficultez qui sont contenuës dans ce chapitre ont esté proposées avec plusieurs autres dans le 2. chap. de la Censure de la Philosophie Cartesienne: Ainsi pour éviter les redites, M. du Hamel prendra, s'il luy plaist, la peine de voir mes Réponses.

CHAPITRE VIII.

Si les idées sont semblables aux choses qu'elles font connoître.

M. du Hamel assure que les Scholastiques disent que l'idée est semblable à la chose d'une ressemblance intentionelle, & non pas réelle, & qu'ils conviennent en mesme temps que cette ressemblance est impropre, & qu'ils n'en sçauroient trouver ailleurs aucun exemple. Il ajoute que vouloir expliquer cette ressemblance des idées par la ressemblance des tableaux, ce seroit prouver tout le contraire de ce qu'on pretend, parce que les tableaux ne representent les couleurs & les lineamens de leur original, que parce qu'ils luy sont veritablement semblables en couleurs & en lineamens ; ce qui ne convient pas aux idées.

Il est constant qu'on ne peut expliquer la ressemblance des idées par la ressemblance des tableaux, parce que dans le fond les tableaux ressemblent, & les idées ne ressemblent pas ; d'où il s'ensuit que le mot de *representation* est fort équivoque, quand on l'attribuë aux idées & aux tableaux. Quand on l'attribuë aux tableaux, il signifie representer en ressemblant ; & quand on l'attribuë aux idées, il signifie seulement faire connoître sans ressembler.

Dire que l'idée represente d'une maniere particuliere, comme une image formelle & non objective, & que c'est sa nature de representer ainsi, & par consequent qu'il en faut demeurer là, ce n'est pas, selon M. du Hamel, éclaircir la difficulté ; car on demande comment une chose peut de sa nature representer sans estre semblable à la chose representée, puisque les tableaux ne representent leur original qu'autant qu'ils luy sont veritablement semblables.

A v

Il est vray que ce ne seroit pas éclaircir la difficulté, de dire que l'idée represente comme une image formelle; car on demanderoit encore comment une image formelle peut de sa nature representer sans estre semblable: mais c'est l'éclaircir entierement, de dire que l'idée fait simplement connoître, & qu'elle le fait sans representer ny comme une image formelle, ny comme une image objective.

Et parce que les Cartesiens sont les seuls Philosophes qui posent pour premier principe de la certitude humaine, qu'il faut juger des choses qui sont hors de nous par les idées qui sont en nous, M. du Hamel prétend qu'ils sont plus obligez que les autres Philosophes, à expliquer nettement ce point fondamental de leur Philosophie; sçavoir comment l'idée peut representer la chose au naturel, sans luy estre veritablement semblable.

Les Cartesiens n'en ont pas usé de mesme que les autres Philosophes. Comme ils posent pour premier principe de la certitude humaine, qu'on ne connoît les choses que par les idées, sans s'amuser à chercher de la ressemblance entre les idées & les objets, entre lesquels ils sçavent bien qu'il n'y en a pas; ils n'ont entendu par le mot de representer, autre chose que faire connoître; ce qui a levé toute la difficulté, n'estant plus obligez de chercher aucune ressemblance entre les idées & les objets, & s'appliquant uniquement à examiner comment il se peut faire que les idées, qui n'ont rien de semblable aux objets, fassent pourtant connoitre les objets : ce qui fait toute la difficulté. Ils ont donc remarqué que les idées sont des connoissances, & que la nature des connoissances est de faire connoitre, sans qu'il soit possible de remonter plus haut, pour démontrer comment elles font connoitre; par la mesme raison qu'on ne peut pas remonter plus haut pour démontrer comment la lumiere fait voir (j'entens parler de la lumiere qui rend l'ame formellement voyante:) parce que dans le fond les idées & la lumiere font connoitre & voir par elles-mesmes, & par leur propre nature. C'est pourquoy les tableaux different des idées, en ce que les idées font connoitre simplement en faisant connoitre, & que les tableaux font connoitre en representant par des lineamens & par des couleurs semblables aux couleurs & aux lineamens de leur original. Ce qu'il faut bien remarquer pour entendre les chapitres suivans.

CHAPITRE IX.

Si ce qui est contenu dans l'idée claire d'une chose, doit convenir à cette chose.

Les Cartesiens disent que tout ce qui est contenu dans l'idée claire d'une chose, convient veritablement à cette chose; & que nous pouvons juger en asseurance des choses qui sont hors de nous, par les idées qui sont en nous.

M. du Hamel conteste la verité de cette proposition, & voicy comment il raisonne. Il n'y a, dit-il, que deux choses dans une idée, quelque claire qu'elle soit, sçavoir la vertu de modifier l'ame, que les Cartesiens appellent l'estre formel de l'idée; & la vertu de representer l'objet, que les mesmes Cartesiens appellent l'estre objectif de l'idée. Or la vertu de modifier l'ame ne convient pas à la chose, puisque ce qui modifie l'ame est dans l'ame. La vertu de representer convient encore moins à l'objet, parce que la vertu de representer est une representation active, & celle de l'objet est une representation passive. Par consequent la proposition qui porte que tout ce qui est contenu dans l'idée claire d'une chose doit veritablement convenir à cette chose, peut estre rejettée comme fausse.

M. du Hamel est la seule personne au monde, qui ait pû prendre la proposition des Cartesiens dans le sens qu'il l'a prise. Lorsque les Cartesiens disent que tout ce qui est contenu dans l'idée claire d'une chose doit convenir à cette chose, cela ne doit pas estre entendu de tout ce qui est contenu formellement dans cette idée, mais seulement de tout ce que cette idée fait connoitre. C'est pourquoi j'accorde volontiers à M. du Hamel tout ce qu'il demande par son argument; mais je prétens que la maxime des Cartesiens n'en reçoit aucune atteinte, dont la raison est, que M. du Hamel entend par ce qui est contenu dans l'idée claire, ce que l'idée claire contient formellement. Les Cartesiens au contraire entendent, par ce qui est contenu dans l'idée claire, ce que cette idée fait connoitre: Or cela est bien different; car ce que l'idée claire contient formellement, est purement des appartenances de l'idée; & ce que l'idée claire fait connoitre, est purement des appartenances de l'objet.

M. du Hamel ajoute, que si la vertu de representer qui est essentielle aux idées, estoit fondée sur quelque ressemblance veritable entre les idées & les choses, on pourroit veritablement juger des choses qui sont hors de nous par les idées qui sont en nous. Mais comme les Cartesiens n'ont jamais fait voir cette ressemblance, c'est temerairement qu'ils jugent des choses qui sont hors d'eux par les idées qui sont en eux.

Il est vray que les Cartesiens n'ont jamais fait voir qu'il y eût de la ressemblance entre les idées & les objets; ils n'ont pas mesme entrepris de le faire, sçachant bien que si la vertu de faire connoitre, qui est essentielle aux idées, estoit fondée sur quelque ressemblance, nous ne pourrions jamais connoitre aucune chose; parce que cette ressemblance supposeroit dãs les idées des figures & des couleurs semblables à celles qui sont dans les objets : D'où il s'ensuivroit que les idées seroient corporelles, & partant incapables de servir pour faire connoitre & pour faire juger. C'est pourquoy la maxime Cartesienne subsiste toujours, & les argumens de M. du Hamel ne luy donnent aucune atteinte.

CHAPITRE X.

Si les idées dépendent de leurs objets, comme de leurs causes exemplaires.

Dans la premiere Partie de la Metaphysique, chap. 3. j'ay étably pour second axiome des troisiémes reflexions, *que toutes les idées, quant à la proprieté de representer, dépendent de leurs objets comme de leurs causes exemplaires.*

M. du Hamel soutient au contraire, que la cause exemplaire est ce à quoy la cause efficiente a intention de faire ressembler son effet. Or la cause efficiente des idées ne peut avoir intention de faire ressembler les idées à leurs objets ; car pour avoir cette intention, il faudroit auparavant connoître les objets, & il est certain qu'avant de former les idées, il est impossible de connoître les objets. Donc les objets ne peuvent estre les causes exemplaires des idées.

Il est vray que la cause exemplaire proprement dite, est ce à quoy la cause efficiente a intention de faire ressembler son effet, & qu'à cet égard les idées n'ont point de vraye cause exemplaire, parce qu'ils ne ressemblent point à leurs objets. Cela n'empesche pas neanmoins que les idées ne dépendent des objets d'une maniere équivalante à celle dont les tableaux dépendent de leurs originaux ; car comme les tableaux ne peuvent representer rien qui ne soit dans leur original, par la mesme raison les idées ne peuvent faire connoitre rien qui ne soit dans leur objet. D'où vient que quoy que nous ne puissions pas dire à la rigueur, que les objets sont les causes exemplaires des idées, nous ne laissons pas de pouvoir assurer qu'ils en sont comme les causes exemplaires. Cela posé, voicy comme je répons à l'argument de M. du Hamel. La cause exemplaire est ce à quoy la cause efficiente a intention de faire ressembler son effet : Je distingue cette proposition : La cause exemplaire propre, je l'accorde : La cause exemplaire impropre &

metaphorique, telle qu'eſt l'objet à l'égard de ſon idée, je le nie. Or la cauſe efficiente des idées ne peut avoir intention de faire reſſembler les idées à leurs objets: je diſtingue; d'une reſſemblance propre & veritable, je l'avouë; d'une reſſemblance impropre & metaphorique, je le nie : Donc les objets ne peuvent eſtre les cauſes exemplaires des idées; je diſtingue encore : les cauſes exemplaires propres, je l'accorde ; les cauſes exemplaires metaphoriques, ou comme cauſes exemplaires, je le nie. Or c'eſt tout ce que les Carteſiens prétendent.

M. du Hamel ajoute, que les idées ne repreſentent pas les objets dont elles ſont les idées, comme les tableaux repreſentent leurs originaux, parce que les idées ne ſont pas des repreſentations objectives qui ſoient apperceuës avant que de faire appercevoir les objets, mais des repreſentations formelles, qui repreſentent ſans eſtre repreſentées.

Je demeure d'accord que les idées ne repreſentent pas les objets, comme les tableaux repreſentent leurs originaux; mais cela n'empeſche pas qu'elles ne dépendent de leurs objets comme de leurs cauſes exemplaires metaphoriques : ce qui eſt le vray point de la queſtion.

CHAPITRE XI.

Si l'objet doit contenir formellement les perfections que les idées representent.

Aprés avoir dit dans le troisiéme chapitre de la seconde partie de la Metaphysique, que toutes les idées, quant à la proprieté de representer, dépendent des objets comme de leurs causes exemplaires, j'ay établi pour troisiéme axiome, que la cause exemplaire des idées doit contenir formellement toutes les perfections que les idées representent.

M. du Hamel tâche de prouver que cela est impossible. 1. Parce qu'il a prouvé dans le chapitre precedent, que les idées ne dépendent pas de leurs objets comme de leurs causes exemplaires. 2. Parce que quand les objets seroient les veritables causes exemplaires des idées, ils ne contiendroient pas pour cela formellement tout ce que les idées representent, c'est à dire, tout ce qu'elles font connoître; car comme il y a des copies qui ne representent pas veritablement leur original tel qu'il est en luy-mesme, il peut y avoir aussi des idées qui ne representent pas leurs objets tels qu'ils sont en eux-mesmes.

M. du Hamel a bien prouvé dans le chapitre precedent, que les objets ne sont pas de veritables causes exemplaires des idées; mais il n'a pas prouvé qu'ils ne soient pas des causes exemplaires metaphoriques. Or il suffit que les objets soient les causes exemplaires metaphoriques des idées, pour qu'ils doivent contenir formellement tout ce que les idées font connoitre : car en effet, comment les idées feroient-elles connoitre dans les objets ce qui ne seroit pas formellement dans les objets? Et il ne sert de rien de dire, que quand les objets seroient de veritables causes exemplaires des idées, ils ne contiendroient pas formellement tout ce qu'elles representent, parce qu'il y a souvent des tableaux qui ne representent pas leur original ; car il est aisé de répondre, que ces tableaux ne sont pas de veritables tableaux, & qu'on doit seulement appeller de ce nom ceux qui representent leur original tel qu'il est ; d'où il s'ensuit qu'il n'y a aussi de veritables idées que celles qui representent ce qui est formellement contenu dans leur objet.

Il confirme son opinion par l'exemple des Syrennes ; il dit que l'esprit peut feindre une Syrenne, quand il veut ; Que quand l'esprit feint une Syrenne, il apperçoit une espece d'union entre la moitié d'une femme & la moitié d'un poisson ; Que selon moy, c'est dans cette espece d'union que consiste formellement la Syrenne, & par consequent que dans ce cas l'objet ne contient pas formellement ce qui est representé par l'idée ; parce qu'il ne contient pas l'existence réelle qui est representée par cette fiction. D'où il conclut qu'il n'eſt pas neceſſaire que l'objet contienne formellement les perfections qui ſont repreſentées par l'idée.

J'avouë que ſelon mes principes la Syrenne conſiſte formellement dans une eſpece d'union de la moitié d'une femme avec la moitié d'un poiſſon, & que l'eſprit peut feindre une Syrenne quand il veut; mais il ne s'enſuit pas de là que quand l'eſprit a feint une Syrenne, il apperçoive une eſpece d'union entre la moitié d'une femme & la moitié d'un poiſſon; il s'enſuit ſeulement qu'il ſuppoſe cette eſpece d'union : c'eſt pourquoy lors meſme que l'eſprit feint une Syrenne, l'objet contient formellement tout ce qui eſt repreſenté par l'idée; car il contient formellement la moitié d'une femme & la moitié d'un poiſſon, qui eſt tout ce que l'idée repreſente veritablement, le reſte n'eſtant que feint & ſuppoſé.

Il eſt inutile de dire, comme fait l'Auteur, que les idées artificielles, telle qu'eſt l'idée d'une Syrenne, ne repreſentent pas neceſſairement l'objet tel qu'il eſt. Car c'eſt répondre ce qui eſt en queſtion, puis que je ne ſçay pas ſi les idées, qui repreſentent une Syrenne, ſont artificielles, c'eſt à dire, ſi elles dépendent de la volonté; car au contraire je crois ſçavoir qu'elles n'en dépendent pas; parce que l'erreur dans laquelle je ſuis tombé qu'une Syrenne exiſte, n'eſt pas volontaire, puis que malgré moy je ſuis tombé dans cette erreur,

Ce n'est point répondre ce qui est en question, de dire que les idées artificielles ne representent pas necessairement leur objet tel qu'il est ; car il est certain que ces idées sont toujours jointes à quelque fiction d'esprit qu'elles ne peuvent representer, mais que la volonté suppose dans leur objet, comme elle suppose par exemple dans la Syrenne, l'union de la moitié d'une femme avec la moitié d'un poisson. Et il ne sert de rien à M. du Hamel, de dire qu'il ne sçait pas si l'idée de la Syrenne est artificielle à mon sens ; car il ne s'agit pas de ce qu'il sçait, mais de ce qui est. Or il est constant que dans la Syrenne l'idée de la moitié d'une femme & de la moitié d'un poisson est jointe à une fiction d'esprit, qui est l'union de ces deux moitiés, dans laquelle consiste formellement la Syrenne ; d'où il s'ensuit que l'idée de la Syrenne est artificielle, puis qu'on appelle ainsi les idées qui sont jointes à des suppositions de la volonté. Je ne vois pas mesme comment M. du Hamel peut dire que les idées artificielles ne dépendent pas de la volonté, & que l'erreur dans laquelle il est tombé qu'une Syrenne existe, est necessaire. Car il est évident qu'il dépend de la volonté de feindre ou de ne pas feindre l'union de la moitié d'une femme avec la moitié d'un poisson, dans laquelle consiste formellement la Syrenne. Il est encore évident que quand l'esprit a feint cette union, on ne tombe pas pour cela dans l'erreur ; car il faut sçavoir que tomber dans l'erreur, c'est admettre pour vray une chose qui ne l'est pas ; ce qui n'arrive point au sujet de la Syrenne, dans laquelle on suppose bien que la moitié de la femme & la moitié du poisson sont unis, mais on ne le croit pas ; ce qui suffit pour ne pas tomber dans l'erreur.

CHAPITRE XII.

Si la difference des idées est une marque certaine de la difference des choses.

Les Cartesiens qui jugent de toutes choses par leurs idées, prétendent démontrer la distinction réelle entre les choses, lors qu'ils ont dit, qu'ils sçavent en conscience qu'ils ont en eux des idées differentes : Par exemple, ils pretendent démontrer la distinction réelle entre l'ame & le corps, parce qu'ils ont une idée de l'ame comme d'un estre pensant, & une autre idée du corps, comme d'un estre étendu.

Les Cartesiens n'ont jamais prétendu démontrer la distinction réelle des choses par la seule difference des idées qu'ils en ont ; la difference des idées suffit bien pour faire connoître la difference des choses conformement au titre du chapitre, mais non pas pour faire connoitre leur distinction réelle. Pour connoitre cette distinction réelle, outre la difference des idées, il faut connoitre que les choses differentes peuvent exister separément les unes des autres: Ce qui ne convient pas à toutes les choses dont nous avons des idées differentes. C'est tout ce qu'il y a de considerable en ce chapitre; le reste n'est qu'une suite de cecy, qui ne merite aucune réponse.

CHAPITRE XIII.

Si les Cartesiens raisonnent juste, quand ils disent : Je pense, donc je suis.

Dans le premier Livre de la Metaphysique, 1. part. chap. 1. nomb. 2. j'ay tâché de prouver que j'existois par cette analyse : *J'ay un grand nombre de connoissances ; je ne puis pas douter de l'existence de mes connoissances, lors que je les sepáre de leurs objets. Or la lumiere naturelle m'apprend, que si je n'estois pas je ne pourrois pas avoir des connoissances ; il faut donc que je sois quelque chose.*

M. du Hamel assure que cette analyse suppose ce qui est en question, & mesme qu'elle suppose faux. Elle suppose ce qui est en question ; car il est question si je suis. Or quand je dis *je connois*, *je pense*, ce *je* enferme luy mesme mon existence, estant impossible que je connoisse & que je ne sois pas quelque chose d'existant, comme je le reconnois moy-mesme dans cet endroit.

Il est vray que quand je dis *Je connois*, *je pense*, ce *je* suppose mon existence, car dans le fond mon existence & ma pensée sont une mesme chose ; mais cela n'empesche pas que je ne puisse dire sans contradiction que dans cette proposition *je pense*, ce *je* signifie la pensée avant qu'il signifie l'existence, par la raison que je connois l'existence par la pensée, & que je ne connois pas reciproquement la pensée par l'existence ; ce qui suffit pour éviter une petition de principe qui consiste à prouver une chose par elle-mesme, consideréé de la mesme maniere, comme je l'ay expliqué dans la Réponse à la Censure de la Philosophie Cartesienne, chap. 2. art. 5. & 6.

M. du Hamel ajoute que mon Analyse suppose faux ; car elle suppose que je puis separer mes connoissances de leurs propres objets : Or il est faux que je puisse separer mes connoissances de leurs objets, non plus que de leurs sujets, car nos connoissances ne sont pas moins relatives essentiellement à leurs objets, que leurs sujets.

J'avouë que les idées ne sont pas moins relatives essentiellement à leurs objets qu'à leurs sujets ; mais avec cette difference, que la relation qu'ils ont avec leurs objets considerez entant qu'existans, n'est que contingente & accidentelle. Car il arrive souvent que nous avons des idées dont l'objet n'existe pas actuellement, & comme l'on dit *à parte rei*: au lieu que la relation de nos connoissances à leurs sujets actuellement existans est necessaire & absoluë; n'estant pas possible de concevoir, qu'une connoissance existe separée d'un sujet qui connoît actuellement, & qui est par consequent existant. Ainsi ce n'est pas merveille, si voulant déduire mon existence de l'existence de mes connoissances, j'ay plûtost consideré mes connoissances par rapport à leur sujet, que par rapport à leur objet; puisque le rapport qu'elles ont avec celuy-cy, consideré comme existant, n'est que contingent & accidentel, & que le rapport qu'elles ont avec l'autre, est absolu & necessaire.

On soutient enfin que de ce que je pense, il ne s'ensuit pas necessairement que j'existe dans les principes des Cartesiens: Car si Dieu peut faire que je pense & que je ne sois pas, de ce que je pense; il ne s'ensuit pas necessairement que j'existe. Or Dieu peut faire que je pense & que je n'existe pas dans les principes des Cartesiens, sur tout dans ceux de l'Auteur, qui portent expressément qu'il n'y a point d'impossibilité avant le decret de Dieu; de sorte que quand je dis qu'il est impossible qu'une chose soit & ne soit pas, cela ne signifie autre chose, si ce n'est que Dieu a voulu qu'une chose fût, tandis qu'elle seroit. Ce qui prouve sans autre commentaire,

commentaire, que si Dieu vouloit par une volonté eternelle, ainsi qu'il veut les autres choses, il seroit possible qu'une chose fût & ne fût pas. Donc de ce que je pense, il ne s'ensuit pas dans le principe des Cartesiens que j'existe.

Les Cartesiens n'ont point étably de principe duquel il s'ensuive que Dieu puisse faire que je pense & que je ne sois pas : il est vray que j'ay dit dans la Metaphysique, liv. 1. part. 1. chap. 13. qu'il n'y a point d'impossibilité avant le decret de Dieu, mais cela ne veut pas dire que Dieu puisse faire les choses absolument impossibles, comme ; *que je pense, & que je ne sois pas, tandis que je pense* ; car au contraire c'est par là que j'ay prouvé qu'il ne les peut faire, parce que s'il les pouvoit faire, il se pourroit contredire ; ce qui repugne à l'idée d'un estre parfait.

CHAPITRE XIV.

Si cette proposition : Je pense, donc je suis, *est la premiere verité qu'on connoît.*

Je soutiens dans le premier Livre de la Metaphysique, part. 1. chap. 1 que cette proposition : *je pense, donc je suis,* est la premiere de toutes les propositions. J'ay ajouté qu'elle est une proposition singuliere, & que les autres qui passent dans l'E-

B

cole pour premieres, sont generales: c'est pourquoy comme les propositions singulieres sont connuës avant les generales, selon moy, cette proposition *je pense, donc je suis*, est connuë avant celles-cy, *tout ce qui existe, existe necessairement tandis qu'il existe; tout ce qui agit, existe; tout ce qui pense, est.*

M. du Hamel soutient au contraire, qu'il y a plusieurs propositions qui peuvent estre connuës avant celle-cy, & notamment que ces propositions generales: *tout ce qui existe, existe necessairement pendant qu'il existe; tout ce qui agit, existe; tout ce qui pense, existe*, peuvent estre connuës avant elle.

Comme les raisons que M. du Hamel apporte pour prouver que cette proposition: *je pense: donc je suis*; n'est pas la premiere proposition, sont les mêmes que l'Auteur de la Censure de la Philosophie Cartesienne a proposées dans le 7. art. du 1. chap. M. du Hamel nous permettra de le renvoyer à la Réponse qui a esté faite sur cet article.

Et icy on trouve une manifeste contradiction dans les écrits de l'Auteur, en ce qu'il dit d'un costé que cette proposition: *je pense*, est la premiere, à cause que la pensée se presente essentiellement d'elle-mesme à l'esprit; & d'un autre costé il dit apres M. Descartes, que par la pensée on entend tout ce qui se passe en nous, dont nous avons conscience, comme l'amour, la haine, qui sont autant d'operations de la volonté. Il dit enfin que l'amour, la haine & les autres operations de la volonté, ne font point apperçûes essentiellement par elles-mesmes, sans une perception distinguée. D'où il s'enfuit 1. que la pensée, comme elle est entenduë par les Cartesiens dans cette proposition, *je pense*, ne se presente pas à l'entendement sans perception différente. 2. Que les idées qui sont en nous, ne sont pas ce que nous appercevons immediatement, mais que ce sont les objets exterieurs, ou interieurs à notre esprit, selon que notre connoissance est directe ou reflexe.

Je voudrois bien que M. du Hamel me dît, dans quel endroit de mes ouvrages il a lû ce qu'il me fait dire, sçavoir que l'amour, la haine, & les autres operations de la volonté, ne sont pas apperçûes par elles-mesmes sans une perception distinguée. Si j'ay dit cela quelque part, j'avouë que j'ay parlé contre mes principes; mais s'il ne peut citer aucun endroit, où j'aye parlé ainsi, il me permettra de croire que je n'ay jamais avancé cette proposition. Il est vray que j'ay dit dans la Réponse à la Censure de la Philosophie Cartesienne, page 44. que l'action de l'esprit par laquelle nous jugeons qu'une chose est bonne ou mauvaise, est differente de celle par laquelle nous connoissons que nous avons jugé ainsi; mais cela ne veut pas dire, que les operations de la volonté, comme sont l'amour, la haine, &c. ne soient pas connuës par elles-mesmes sans une perception distinguée. Que si je n'ay pas dit que les operations de la volonté soient connuës par une perception differente, je n'ay pas dit à plus forte raison, que la pensée soit connuë par une perception distinguée, ny que les idées ne soient pas ce que nous appercevons immediatement. Car tout cela est opposé à mes principes.

CHAPITRE XV.

Si chaque estre persevere de luy-mesme dans l'état où il est.

Aprés avoir établiy par un axiome dans les Reflexions sur le premier chapitre de la Metaphysique, que le neant n'a aucune proprieté, je conclus qu'une chose persevere eternellement dans l'état où elle est, à moins qu'elle ne soit changée par une cause exterieure.

Mais il est clair que cet axiome est faux dans les agents libres, dont la volonté se peut déterminer elle-mesme sans qu'aucune cause étrangere la détermine, au moins physiquement, réellement, & immediatement.

Cet axiome n'est point faux, mesme dans les agents libres ; car on a prouvé dans le second Livre de la Metaphysique, part. 2. chap. 6. art. 1. que toutes les déterminations de la volonté dépendent des idées de l'entendement comme de leurs caufes efficientes immediates ; & cela eſt encore confirmé par cette commune maxime : *Nihil volitum quin præcognitum.* Or il eſt conſtant que toutes les idées de l'entendement ſont quelque choſe d'exterieur à l'égard des déterminations de la volonté : il faut donc que tout changement qui arrive, meſme aux agens libres, procede d'une cauſe exterieure, ſelon la maxime de M. Deſcartes. Or ſi la maxime des Carteſiens eſt veritable à l'égard des agents libres, elle l'eſt beaucoup plus à l'égard des agents neceſſaires.

On croit que l'Auteur ne s'eſt pas expliqué clairement, lors que voulant prouver la verité de cet axiome, il a dit que ſi la choſe ſe donnoit un eſtat nouveau, cet eſtat procederoit du neant ; car je ne comprens pas que ſi la choſe ſe donnoit un eſtat nouveau, cet eſtat procedaſt plûtoſt du neant que ſi une cauſe étrangere luy donnoit ce nouvel eſtat.

Si une choſe ſe donnoit à elle-meſme un eſtat nouveau, cet eſtat procederoit du neant, & il n'en procede pas lors que c'eſt une cauſe étrangere qui le luy donne ; la raiſon de cette difference eſt, que la cauſe étrangere a formellement, ou eminemment l'eſtat qu'elle donne. Par exemple, le corps mu a formellement le mouvement qu'il donne à un autre corps qui eſt en repos ; & le feu qui ébranle les organes, contient eminemment le sentiment de chaleur qu'il excite dans l'ame, à cause que cet ébranlement en vertu de l'union de l'esprit & du corps, a la vertu d'exciter ce sentiment.

On ne voit pas non plus comment les Cartesiens peuvent accorder ce principe avec cet autre : *tout ce qui se meut en rond tâche à changer son estat de mouvement circulaire en celuy de mouvement droit.* Et avec cet autre : *tout ce qui est en mouvement tend de soy-mesme à continuer son mouvement.*

Je pourrois faire comprendre à M. du Hamel comment les Cartesiens accordent ce principe : *Tout ce qui est dans un estat, tend à demeurer dans cet estat* ; avec cet autre : *ce qui se meut en rond tend à se mouvoir en ligne droite.* Mais comme il sera parlé en particulier de ce dernier axiome dans le dixiéme chapitre de la seconde partie, & que ce que nous en dirons contiendra precisément la resolution de la difficulté presente, je remettray jusqu'à cet endroit à faire voir le parfait accord de ces deux maximes de la Philosophie Cartesienne, qui paroissent si opposées à M. du Hamel.

Monsieur Descartes ayant posé le mesme principe, en avoit apporté une raison plus intelligible, en disant que si une chose tendoit d'elle-mesme à changer son estat, elle tendroit à sa propre destruction. Mais cette raison n'est pas plus solide que la precedente ; car elle confond la chose avec l'estat de la chose, la substance avec les accidens. On convient avec Descartes, qu'une chose ne tend pas d'elle-mesme à la destruction de sa substance, mais bien quelquefois à la destruction de son estat, parce que l'estat est contraire à la chose : Par exemple, l'estat de la maladie estant contraire à l'homme, alors, tant s'en faut que l'homme en changeant d'estat, tende à sa propre destruction, il tend au contraire à sa propre conservation.

Quand M. Descartes dit que si une chose tendoit d'elle-mesme à changer son estat, elle tendroit à sa propre destruction, il ne distingue pas, comme fait M. du Hamel, la chose de l'estat de la chose : par l'estat de la chose M. Descartes entend la chose mesme, par exemple par l'estat du corps chaud, il entend le corps avec la chaleur; par l'estat de l'homme malade, il entend l'homme & la maladie : Or cela posé, il est évident que si un corps chaud, & un homme malade tendoient d'eux-mesmes à changer leur estat, ils tendroient à changer leur nature de corps chaud & d'homme malade; ce qui repugne selon les principes mesmes de M. du Hamel, qui convient qu'une chose ne tend pas d'elle-mesme à la destruction de sa substance, c'est à dire, de sa nature. Ainsi ce qui a trompé M. du Hamel est, qu'il a distingué les choses de leur estat, & qu'il n'a pas consideré que la chaleur & la maladie sont aussi essentielles à un corps chaud & à un homme malade, que trois angles, & trois côtes sont essentiels à un triangle; c'est à dire, qu'il a pris dans un sens divisé, ce que M. Descartes & les Cartesiens prennent dans un sens composé.

CHAPITRE XVI.

Si la nature de l'esprit consiste dans la pensée actuelle.

J'ay dit dans le premier Livre de la Metaphysique, chap. 2. que chacun peut connoitre sa nature par cette analyse. *Le doute & la certitude sont des proprietez que je reconnois en moy ; les proprietez ne peuvent exister ny estre conceuës hors du sujet dont elles sont proprietez ; le doute & la certitude ne peuvent exister ny estre conceus hors de la pensée ; la pensée est donc le sujet du doute & de la certitude. Or est-il que je suis aussi le sujet du doute & de la certitude ; car c'est moy-mesme qui doute de l'existence de toutes choses, & qui suis assuré de la mienne : Je suis donc une pensée, qui est le sujet du doute & de la certitude.*

On soutient au contraire, qu'on ne peut pas dire en parlant juste, que l'esprit est une pensée, mais plûtost qu'il est le principe effectif, & le sujet de la pensée, & qu'ainsi l'argument de l'Auteur peche dans la matiere & dans la forme. Dans la forme, en pechant contre ces deux regles generales des syllogismes : *Ex puris negantibus nil concluditur*, & *Conclusio sequitur deteriorem partem*; car dans mon premier Syllogisme les deux premisses sont negatives, & la conclusion est affirmative.

Il est surprenant que M. du Hamel ne sçache pas qu'il y a des propositions qui sont seulement negatives dans l'expression, & d'autres qui le sont dans le sens aussi bien que dans l'expression, & que ce n'est que de ces dernieres qu'il faut entendre la regle d'Aristote, *Ex puris negantibus nihil concluditur*. Or les deux premisses de mon argument ne sont point negatives dans le sens, elles sont au contraire tres positives, comme il paroist de ce que sans changer rien dans le sens de mon Syllogisme, on peut dire tres positivement : *que les proprietez existent toujours & sont contenuës dans leur sujet ; que le doute & la certitude existent toujours & sont contenus dans la pensée, & qu'ainsi la pensée est le sujet du doute & de la certitude.* C'est pourquoy mon Syllogisme ne peche point contre la regle : *Ex puris negantibus nihil concluditur*. Par la mesme raison il ne peche point contre l'autre regle : *conclusio sequitur deteriorem partem*.

Et pour montrer encore que cet argument pe che dans la forme, c'est qu'on peut s'en servir pour prouver, *argumento ad hominem*, une chose qui est fausse dans les principes de l'Auteur, sçavoir que la pensée est un genre, & que le doute & la certitude en sont les especes; & voicy comment. *Les especes ne peuvent exister ny estre conceuës hors de leur genre: Or est-il, que le doute & la certitude ne peuvent exister ny estre conceus hors de la pensée: Donc le doute & la certitude sont des especes de pensée, & la pensée est un genre du doute & de la certitude.* Cette conclusion est veritable en elle mesme, mais elle est fausse dans les principes de l'Auteur; & comme les deux premisses ne peuvent estre niées, l'argument n'est donc pas en forme.

Je demeure d'accord que la pensée prise en general pour signifier toutes les manieres de penser, est un veritable genre dont le doute & la certitude sont des especes: mais ce n'est pas de cette pensée là dont j'entens parler, quand je dis que la pensée est le sujet du doute & de la certitude, & que je suis cette pensée; car j'entens parler non d'une pensée modale, qui est le genre du doute & de la certitude, mais d'une pensée substantielle, qui est l'attribut essentiel de l'esprit, & le sujet immediat de toutes ses manieres de penser, comme je l'ay expliqué dans la Metaphysique, chap. 2. & comme M Descartes l'a expliqué aussi dans la quatriéme partie de ses Principes, nomb. 52. Cela supposé, je répons au second argument *ad hominem*, en accordant la majeure, la mineure, & la consequence. M. du

Hamel dira autant qu'il voudra, que cette conſequence n'eſt pas bonne dans mes principes : Pour moy, je la tiens pour tres exacte, & pour tres exactement déduite des premiſſes : d'où il s'enſuit que l'argument eſt en forme, quoy que les propoſitions en ſoient negatives ; parce qu'elles ne ſont negatives que dans l'expreſſion, & qu'elles ſont tres poſitives dans le ſens.

Quant à la matiere, il eſt aiſé de faire voir qu'elle eſt fauſſe ; car il eſt faux que la penſée ſoit le ſujet du doute & de la certitude, parce que ce n'eſt pas la penſée qui doute, & qui certifie, mais l'eſprit meſme.

Cette difficulté roule encore ſur l'équivoque du mot de penſée, car il eſt vray que la penſée qui eſt le genre du doute & de la certitude, ne peut eſtre le ſujet du doute & de la certitude ; mais cela n'empeſche pas que la penſée qui eſt l'attribut eſſentiel de l'eſprit, ne puiſſe eſtre le ſujet du doute & de la certitude. C'eſt pourquoy comme l'argument de M. du Hamel prouve fort bien que le doute & la certitude ſont des eſpeces de la penſée modale priſe pour une nature univerſelle, qui comprend ſous ſoy toutes les façons particulieres de penſer, le mien prouve auſſi tres-exactement, que le doute & la certitude ſont des modes de la penſée priſe pour l'attribut essentiel de l'esprit, comme l'étenduë est prise pour l'attribut essentiel du corps.

On pourroit mesme prouver, *argumento ad hominem*, que l'esprit est le sujet de la pensée; comme du doute & de la certitude; & par consequent que l'esprit n'est pas la pensée mesme.

Cette difficulté roule encore sur la mesme equivoque: il est vray que l'esprit est le sujet de la pensée modale, comme du doute & de la certitude; mais il ne s'ensuit pas de là que l'esprit soit different de la pensée substantielle, qui est son attribut essentiel, à moins que l'attribut essentiel d'une chose ne soit different de la chose mesme: ce qui repugne.

CHAPITRE XVII.

Si l'Auteur prouve bien l'existence du corps.

Dans la Metaphysique, chap. 3. j'ay tâché de prouver l'existence du corps par cette Analite. L'idée que j'ay de l'étenduë doit avoir receu de quelque cause la proprieté qu'elle a de representer l'étenduë plûtost que quelque autre chose. Or cela ne peut venir que de moy-mesme, ou de l'étenduë, car je ne connois aucune autre chose: mais il ne peut venir de moy-mesme; c'est donc *l'étenduë, qui est cause de la proprieté que mon idée a de la representer. Or est-il que l'étenduë ne pourroit estre cette cause, si elle n'existoit pas; donc l'étenduë existe.*

On soutient au contraire, que cette preuve est tres défectueuse, & que M. Descartes en convient luy-mesme dans sa troisiéme Meditation, nomb. 25. où il dit que l'esprit estant une substance, & l'idée de l'étenduë une modification de cette substance, il semble que l'esprit puisse contenir eminemment l'idée de l'étenduë, quoy qu'il ne la contienne pas formellement.

Les idées ont deux causes, une cause efficiente, & une cause exemplaire; la cause efficiente des idées regarde leur estre formel: & leur cause exemplaire regarde precisément leur estre objectif. Cela posé, j'avouë que dans le lieu cité M. Descartes dit qu'il semble que l'idée de l'étenduë puisse venir de nous-mesmes; mais il entend parler de l'idée de l'étenduë consideréé selon son estre formel, & point du tout de l'idée de l'étenduë consideréé selon son estre objectif, duquel il s'agit toujours quand on cherche la cause exemplaire des idées. C'est pourquoy l'idée de l'étenduë peut bien dépendre, selon M. Descartes, de l'esprit, comme de sa cause efficiente, mais non pas comme de sa cause exemplaire; car il y a cette difference entre ces causes, que la cause efficiente peut ne contenir qu'eminemment les proprietez de son effet, & que la cause exemplaire doit contenir formellement tout ce que son effet represente, ou fait connoitre, comme je l'ay demontré dans les troisiémes Reflexions sur la Metaphysique.

Voicy un second argument, par lequel on peut prouver que l'idée de l'étenduë ne dépend pas du corps, si l'on veut raisonner selon les principes de l'Auteur. *Selon l'Auteur l'idée de l'étenduë qui est en moy, est essentielle à mon ame, & l'idée de l'étenduë dépend de son objet, comme de sa cause. Or on ne peut pas dire que l'ame raisonnable dépende essentiellement du corps comme de sa cause ; par consequent l'idée du corps qui est en moy, ne dépend point du corps, au moins si l'on veut raisonner conformement aux principes de l'Auteur du Systeme.*

Ce 2. argument roule encore sur l'equivoque du mot de cause efficiente & de cause exemplaire, ou pour mieux dire, sur ce que M. du Hamel confond ces deux causes. J'accorde donc la majeure & la mineure, & je nie la consequence ; cela veut dire en bon François, que l'argument n'est pas en forme, dont la raison est, que le mot de cause est pris dans la majeure pour la cause exemplaire, & dans la mineure pour la cause efficiente ; de sorte que ce syllogisme ressemble à celuy qu'on feroit en raisonnant ainsi. *La representation du Roy est essentielle au tableau du Roy, & elle dé-*

de M. du Hamel.

pend du Roy comme de sa cause exemplaire; Or est-il, que le tableau du Roy ne dépend pas du Roy comme de sa cause efficiente, donc &c. Il n'y a pas jusqu'au plus petit Logicien qui ne voye que cet argument est vicieux, & la raison pour laquelle il l'est.

Enfin quand l'idée que j'ay du corps, dépendroit de l'étenduë comme de sa cause exemplaire, il ne s'ensuivroit pas pour cela que l'étenduë existast réellement & actuellement ; parce que tous les Philosophes conviennent que la cause exemplaire ne doit pas exister actuellement pour produire son effet ; c'est assez qu'elle existe objectivement dans l'esprit de celuy qui veut produire quelque chose à la ressemblance de la cause exemplaire.

Si l'on suppose que l'étenduë est la cause exemplaire, vraye, ou metaphorique de l'idée que nous en avons, on suppose en mesme temps qu'elle existe, ou qu'elle a existé, sans quoy elle ne pourroit estre objectivement dans l'entendement. Or si elle existe, c'est ce que les Cartesiens demandent ; & si elle a existé, il est necessaire qu'elle existe encore, parce qu'elle est une substance, & que les substances sont incorruptibles, selon le sentiment mesme d'Aristote.

CHAPITRE XVIII.

Si les Cartesiens démontrent bien l'existence de Dieu par l'idée que nous avons de Dieu.

J'ay tâché dans le 5. & 6. chap. de la premiere partie de la Metaphysique, de démontrer l'existence de Dieu par l'idée de Dieu, c'est à dire, par l'idée d'un estre infiny & souverainement parfait. M. du Hamel dit que mes pretenduës démonstrations se peuvent réduire à deux syllogismes, dont voicy le premier. *J'ay l'idée d'une chose infinie & souverainement parfaite. Or est-il que cette idée ne peut proceder que d'une chose infinie & souverainement parfaite, qui est Dieu. Par consequent il y a un estre infiny qui existe.*

Il est aisé de faire voir que cet argument ne prouve rien, non seulement par les raisons generales par lesquelles on pretend avoir détruit la doctrine des Cartesiens sur la nature & les proprietez des idées, mais encore par des raisons particulieres qu'on va proposer. La premiere est, que la mineure conceuë en ces termes: *Or est-il que cette idée ne peut proceder que d'une chose infinie & souverainement parfaite, qui est Dieu*, est notoirement fausse. Voicy comment je le prouve: *L'idée qui est finie & imparfaite, ne procede pas necessairement d'une chose infinie: Or est-il, que l'idée de Dieu, qui est dans notre esprit, est finie & imparfaite quant à* son estre formel & quant à son estre objectif. Les Cartesiens avoüent le premier, & le dernier est évident, car l'estre objectif de l'idée au sens des Cartesiens est la vertu de representer son objet. Or cette vertu de representer Dieu est finie, car elle represente Dieu d'une maniere finie, & non pas d'une maniere infinie, autrement elle representeroit Dieu d'une maniere comprehensive, & aussi parfaite que celle dont Dieu se connoît luy mesme; ce qui est notoirement faux. D'où il s'ensuit que le premier argument ne prouve rien.

Je pourrois me dispenser de répondre aux raisons que M. du Hamel oppose à mon premier argument, parce qu'elles sont formellement les mesmes que l'Auteur de la Censure de la Philosophie Cartesienne a opposées à l'argument de M. Descartes, qui ne differe pas du mien ; neanmoins parce que la matiere est importante, je veux bien en faveur de M. du Hamel, repeter icy ce que j'ay déja dit dans la Réponse à la Censure de la Philosophie Cartesienne, chap. 4. art. 3. lettre b. Je demeure donc d'accord avec M. du Hamel, qu'une idée qui est finie & imparfaite ne procede pas necessairement d'une chose infinie ; mais je nie que l'idée de Dieu soit finie objectivement ; ce qui suffit pour rendre ma mineure indubitable. Que si M. du Hamel replique, que l'idée de Dieu ne peut estre infinie en aucun sens, non pas mesme objectivement, parce que si elle estoit objectivement infinie elle exprimeroit toutes les perfections qui sont en Dieu, ce qui est impossible ; Je répondray encore, qu'afin que l'idée de Dieu soit objectivement infinie à notre égard, il n'est pas necessaire qu'elle exprime toutes les perfections qui sont en Dieu ; il suffit qu'elle en represente autant que notre esprit est capable d'en concevoir : car il faut remarquer, que par le mot *d'infiny*, nous n'entendons pas precisément un estre dans lequel il y a des perfections infinies, mais un estre dans lequel nous connoissons autant de perfections que nous sommes capables d'en connoître : c'est pourquoy un objet est veritablement infini à notre égard, lors que nous ne pouvons concevoir rien de plus parfait que luy, quoy que nous ne connoissions pas toutes les perfections qu'il possede. C'est dans ce sens que M. Descartes a dit, que nous pouvons connoitre l'infiny, mais non pas le comprendre ; car cela veut dire, que nous pouvons connoitre dans un sujet autant de perfections que nous sommes capables d'en concevoir, sans qu'il soit necessaire que nous connoissions toutes les perfections qu'il possede.

Voicy le second Syllogisme : *Tout ce que je conçois clairement appartenir à une chose dont j'ay l'idée, luy appartient en effet. Or j'apperçois clairement que l'existence appartient à une chose souverainement parfaite, dont j'ay l'idée. Donc l'exi-*

stence appartient en effet à *une chose infiniment parfaite, dont j'ay l'idée*. Ce second syllogisme n'est pas plus démonstratif que le premier. Car la majeure conceuë en ces termes: *Ce que je connois clairement appartenir à une chose dont j'ay l'idée, luy appartient en effet*, pourroit par hazard estre niée comme fausse, parce qu'elle n'est fondée que sur ce principe des Cartesiens, sçavoir que l'évidence est une regle infaillible de la verité; ce qu'on a impugné cy-devant par des argumens *ad hominem*, ausquels notre Auteur n'a pas solidement répondu. Mais passons la majeure, & disons que la mineure du mesme Syllogisme conceuë en ces termes: *Or est-il que je conçois clairement que l'existence appartient à une chose souverainement parfaite dont j'ay l'idée*, doit estre distinguée de cette maniere, *Appartient de la maniere que cette chose est infinie & souverainement parfaite*, on l'accorde: *Appartient d'une autre maniere*, on le nie: c'est à dire, que si cette chose, dont j'ay l'idée, est infinie *à parte mentis tantum*, l'existence luy doit appartenir *à parte mentis tantum*; mais non pas *à parte rei*, parce que l'existence suit la nature de la chose: & partant nous sommes revenus à la premiere question, sçavoir si cette chose dont j'ay l'idée, est infinie *à parte mentis tantum*, parce que les athées pretendent qu'il n'y a rien d'infiny qui soit tel *à parte rei*.

Cette objection est prise mot pour mot du quatriéme chapitre de la Censure de la Philosophie Cartesienne: Il n'y a que cette difference, que l'Auteur de la Censure a distingué la majeure & la mineure de l'argument de M. Descartes, & que M. du Hamel n'a distingué que la mineure du mien. Cette distinction aboutit à faire voir que la chose dont nous avons l'idée, n'est infinie qu'à *parte mentis tantum*, & point du tout *à parte rei*: Or je demeure d'accord qu'il y a des choses qui sont *à parte mentis*, & d'autres qui sont *à parte rei*. Mais je demande à M. du Hamel, qu'est-ce qu'une chose qui est seulement infinie *à parte mentis*? S'il dit que c'est une chose qui n'existe aucunement *à parte rei*, cela ne se peut soutenir; car il a esté prouvé qu'il n'y a rien *à parte mentis* qui ne soit en quelque façon *à parte rei*, comme il paroist de ce que les natures universelles, & les chimeres mesmes, qui passent pour des choses qui ne sont qu'*à parte mentis*, sont toujours en quelque sorte *à parte rei*. S'il dit au contraire, que c'est une chose qui est finie *à parte rei*, mais que l'esprit rend infinie, en étendant ses perfections au delà de celles des choses finies; je demande encore comment l'esprit étend les perfections d'une chose finie, si c'est en attribuant à cette chose des perfections qui ne sont nulle part, ou bien en luy attribuant des perfections qui sont dans quelque autre chose? Si c'est le premier; l'esprit rend donc une chose infinie en luy attribuant des perfections qui ne sont pas, c'est à dire, en luy attribuant le neant; ce qui repugne, car le neant n'a aucune propieté. Et si c'est le dernier, l'esprit rend donc une chose infinie *à parte mentis*, en luy attribuant les perfections d'une chose qui est infinie *à parte rei*. Il y a donc une chose qui est infinie *à parte rei*; ce qu'il falloit prouver. Il n'y a pas mesme lieu de douter que cette chose ne soit un corps ou un esprit, puis que nous ne pouvons connoitre que cela. Or elle n'est pas un corps, parce qu'un corps est essentiellement imparfait, à cause qu'il est essentiellement susceptible de changement : Elle est donc un esprit, c'est à dire *une pensée substantielle & parfaite* : ou pour parler comme saint Thomas, elle est une *intelligence suprême*. Or je défie M. du Hamel & tous les athées, de trouver aucun defaut dans la pensée consideree en elle-mesme.

CHAPITRE XIX.

Si Dieu peut détruire les substances qu'il a produites.

M. du Hamel ne propose icy aucune difficulté que je ne me sois proposée à moy-mesme, & à laquelle je n'aye répondu en parlant de l'immutabilité de la volonté de Dieu dans le chap. 8. de la premiere partie de la Metaphysique. M. Descartes a encore répondu à ces mesmes difficultez dans la lettre 104. du Tome 2.

CHAPITRE XX.

Si la possibilité & l'impossibilité viennent originairement & radicalement de la volonté de Dieu.

Je dis expressément dans le premier Livre de la Metaphysique, chap. 9. que la possibilité & l'impossibilité des choses n'a pas precedé la volonté de Dieu, & qu'il n'y a rien de possible ny d'impossible que ce que Dieu a rendu tel par sa volonté.

Avant que de refuter une opinion si paradoxe, il faut faire voir les contradictions de l'Auteur sur cette matiere. Il dit d'un costé dans les chap. 9. & 13. *Que les choses ne sont impossibles, que parce que Dieu a voulu qu'elles fussent telles.* Et d'un autre costé dans le chap 13. nomb. 4. *Que Dieu, bien qu'il soit toutpuissant, ne peut produire les choses impossibles.* Et nomb. 5. il dit expressément; *Que la marque la plus assurée des choses impossibles est la contradiction qu'elles enferment.* Et nomb. 6. il dit, *Que Dieu ne peut en aucune façon ce qui est absolument impossible, à cause que ce qui est ainsi impossible n'est qu'une chimere, qui ne peut estre l'objet de l'action de Dieu.* Or ces propositions sont contradictoires à celle qu'il avance sur la possibilité & impossibilité, comme dépendantes originairement de la volonté de Dieu.

Bien loin que ces propositions soient contradictoires à la premiere, elles y sont au contraire tres conformes ; car supposé qu'une chose ne soit impossible que parce que Dieu a voulu que ses attributs essentiels fussent incompatibles, comme je l'ay prouvé dans le lieu cy-devant cité, peut-on parler plus raisonnablement que je parle dans le nomb. 4. lors que je dis que Dieu, quelque puissant qu'il soit, ne peut produire une chose impossible, parce que s'il la pouvoit produire, il pourroit vouloir le contraire de ce qu'il veut ; ce qui repugne à l'idée d'un estre parfait & immuable. Peut-on encore parler plus consequemment que je parle dans le nomb. 5. lors que je dis que la marque la plus assurée de l'impossibilité des choses est la contradiction qu'elles renferment ; car puisque Dieu a voulu que les attributs des choses impossibles fussent incompatibles, peut-on mieux connoitre leur incompatibilité que par la contradiction qui se trouve dans leurs propres termes, qui est telle qu'ils se détruisent l'un l'autre. Je ne tombe donc point en contradiction, comme M. du Hamel le prétend.

On soutient que la possibilité & l'impossibilité des choses ne dépendent pas radicalement de la volonté de Dieu ; mais que la possibilité des choses vient originairement de la non repugnance, ou ce qui est le mesme, de la non contradiction des choses, & qu'au contraire l'impossibilité vient de la repugnance ou contradiction des choses.

Dire que la possibilité & l'impossibilité viennent de la repugnance ou non repugnance, c'est dire que la possibilité & l'impossibilité viennent de la possibilité & de l'impossibilité, ce qui est une pure petition de principe : car il est constant qu'il n'y a aucune difference entre possibilité & non repugnance, & entre impossibilité & repugnance. Il faut ajouter que toute repugnance ou non repugnance, suppose un sujet repugnant, ou non repugnant : de sorte que comme il n'y a point de sujet repugnant, ou non repugnant, qui ne dépende de la volonté de Dieu comme de la cause universelle de tout ce qui a quelque raison d'entité ou de verité, il n'y a point aussi de repugnance ou de non repugnance qui ne dépende de cette mesme volonté.

La possibilité & l'impossibilité generale des choses ne viennent pas originairement de la volonté de Dieu, parce que si elles en venoient, les choses possibles & impossibles seroient telles contingemment, & non pas necessairement, au moins d'une necessité absoluë. Or est-il, que la possibilité & l'impossibilité ne sont pas libres, mesme à l'égard de Dieu ; car il est possible d'une necessité absoluë qu'il y ait un Dieu, & il est impossible d'une impossibilité absoluë qu'il y en ait plusieurs ; & par consequent la possibilité & l'impossibilité generale des choses ne viennent pas radicalement de la volonté de Dieu.

Il est

Il est vray que si la possibilité & l'impossibilité venoient radicalement de la volonté de Dieu, elles seroient indifferentes à l'égard de Dieu, & qu'ainsi les choses possibles & impossibles ne seroient telles que contingemment, & non necessairement, au moins d'une necessité absoluë; mais cela ne repugne en aucune maniere, car il suffit que les choses creées soient possibles ou impossibles necessairement d'une necessité seulement hypothetique, ou de supposition. Quant à ce que M. du Hamel ajoute, qu'il est impossible d'une necessité absoluë qu'il y ait deux Dieux, & qu'il est possible d'une necessité absoluë qu'il y en ait un, & par consequent que la possibilité & l'impossibilité generale ne viennent pas de la volonté de Dieu, je répons qu'il n'y a point de possibilité & d'impossibilité generale, qui convienne univoquement à Dieu & aux creatures comme il vient d'estre remarqué, & par consequent que de ce que la possibilité & l'impossibilité, qui conviennent à Dieu, sont necessaires d'une necessité absoluë, il ne s'ensuit pas que la possibilité & l'impossibilité qui conviennent aux creatures, soient necessaires de cette sorte de necessité, il suffit qu'elles soient necessaires d'une necessité simplement hypothetique; comme le porte le titre du chapitre.

C

Si la possibilité & l'impossibilité venoient radicalement de la volonté de Dieu, nous ne pourrions estre assurez de la possibilité & de l'impossibilité des choses, à moins que d'estre assurez de la volonté de Dieu : Or est-il, que les Cartesiens se croyent assurez de la possibilité & de l'impossibilité de plusieurs choses, quoy qu'ils ne connoissent pas la volonté de Dieu, dont ils n'ont aucune revelation particuliere ; & partant la possibilité & l'impossibilité ne viennent pas radicalement de la volonté de Dieu.

Les Cartesiens croyent estre assurez de la possibilité & de l'impossibilité de plusieurs choses ; mais ils croyent aussi estre assurez de la volonté par laquelle Dieu rend les choses possibles & impossibles : Ils pretendent que cette volonté leur est manifestée par les idées claires qu'ils ont, que les choses repugnent ou ne repugnent pas ; car il a esté remarqué, que la volonté de Dieu nous est manifestée en deux manieres ; dont l'une se fait par la voye des sens & de la raison, & l'autre se fait par la voye du discours, laquelle s'appelle proprement *revelation*.

On ne voit pas comment on peut donner un bon sens à ce que l'Auteur dit dans le chap. 9. *qu'il ne faut pas croire que Dieu connoit les choses avant que de les vouloir*. Car comment Dieu peut-il vouloir les choses sans les connoître.

Il est vray que dans l'homme, dont l'esprit est borné & limité, les idées de l'entendement precedent les déterminations de la volonté, comme les causes precedent leurs effets, sçavoir d'une priorité de nature; mais il n'en est pas de mesme dans Dieu, dont l'esprit est infiniment parfait; comme sa nature est tres simple, elle ne peut recevoir ny succession ny dépendance dans ses operations: c'est à dire qu'en Dieu vouloir & connoitre sont une mesme chose, au lieu que dans l'homme vouloir & connoitre sont deux choses modalement differentes. *Voila le bon sens que M. du Hamel eut pû donner à mes paroles.*

CHAPITRE XXI.

Si la puissance de Dieu peut estre separée de l'acte.

M. du Hamel ne propose dans ce chapitre aucune difficulté qui n'ait esté resoluë dans le 10. & 15. chap. de la Metaphysique; c'est pourquoy je ne m'y arresteray pas davantage.

CHAPITRE XXII.

Si les Cartesiens prouvent bien que leur esprit dépend de Dieu comme de l'auteur de son existence.

J'ay prouvé dans le chap. 22. de la Metaphysique, que mon esprit dépend de Dieu comme de l'Auteur de son existence, de ce que les parties de sa durée ne dépendent aucunement les unes des autres, & de ce que mon esprit ayant esté immediatement auparavant, il ne s'ensuit pas qu'il soit immediatement après, à moins que Dieu ne le crée toujours, c'est à dire, qu'il ne le conserve.

On soutient que cette preuve est peu solide; car il est vray que de ce que mon esprit estoit auparavant, il ne s'ensuit pas qu'il doive estre après, lors qu'il y a une cause qui le peut détruire; mais il s'ensuit fort bien, s'il n'y a aucune cause qui le puisse détruire. Or dans le Systeme des Cartesiens, il n'y a aucune cause qui puisse détruire l'esprit. Donc cette preuve dans le Systeme des Cartesiens, n'a rien de solide.

Il est vray que l'esprit ne peut estre détruit, non qu'il soit indestructible de sa nature; mais parce que Dieu, qui le produit & qui le conserve, agit d'une maniere immuable: cela n'empesche pas toutefois qu'on ne puisse conclure que l'esprit a besoin d'estre conservé, par la mesme raison qu'il a eu besoin d'estre produit, & par consequent que Dieu ne soit le veritable auteur de son existence & de sa conservation.

Il est difficile d'accorder l'Auteur avec l'Auteur mesme; car il dit dans le chap. 9. que Dieu ne peut détruire les substances à cause qu'il est immuable; & dans le chap 11. que l'esprit de l'homme dépend de Dieu, comme de l'auteur de son existence; ce qui ne se peut concilier. Car comment peut on dire qu'il en depend dans sa conservation, puisque pouvoir détruire est ce qui fonde uniquement la dépendance.

Il n'est pas vray de dire que pouvoir détruire fonde uniquement la dépendance; je soutiens au contraire, que la dépendance des substances creées ne vient point de ce que Dieu ne les peut détruire: car ce n'est que par accident qu'il ne les peut détruire, à cause qu'il est immuable, mais elle vient precisément de ce qu'il les a produites, & de ce qu'il les conserve, c'est à dire, de ce qu'il les reproduit continuellement.

CHAPITRE XXIII.

Si l'ame, & l'homme pris formellement, consistent dans l'union de l'esprit & du corps.

J'ay étably dans le premier Livre de la Metaphysique, part. 2. chap. 1. que l'ame prise abstractivement n'est autre chose que l'union de l'esprit avec un corps organique, & que l'homme pris formellement n'est pas un estre substantiel, mais un estre modal.

On soutient qu'il est dangereux de dire que

l'ame raisonnable n'est autre chose que l'union de l'esprit avec un corps organique, parce que l'ame raisonnable est immortelle, & que l'union de l'esprit avec le corps ne peut en aucun sens raisonnable estre immortelle. C'est par cette raison qu'il ne faut pas confondre l'ame avec l'animation, ny la forme avec l'information.

Il n'y a nul danger à dire que l'ame considerée abstractivement (comme je la considere dans le lieu cité) n'est autre chose que l'union de l'esprit avec un corps organique ; bien que cette union ne puisse en aucun sens estre immortelle. Car il faut sçavoir que l'immortalité de l'ame n'est pas fondée sur l'ame considerée abstractivement, mais sur l'ame considerée selon son estre absolu entant qu'elle est un esprit, c'est à dire, une substance qui pense, comme je l'ay prouvé dans le troisiéme Livre de la Metaphysique, chap. 1.

Par la mesme raison il est faux que l'homme pris formellement ne soit qu'un estre modal, & non pas un estre substantiel. Car comme l'ame & l'animation se doivent distinguer, il faut pareillement distinguer le composé & la composition : il est vray que la composition est un estre modal, mais il est faux que l'homme, qui est le composé d'esprit & de corps, soit un estre modal. En effet si l'ame, comme ame, consistoit dans l'union de l'esprit & du corps, & que l'homme comme homme consistât dans la mesme union, il s'ensuivroit que l'ame & l'homme formellement pris ne seroient aucunement distinguez.

Il est vray que l'ame prise selon son estre absolu differe de l'animation, mais elle n'en differe pas prise selon son estre respectif, dót la raison est, que l'esprit n'anime le corps que parce qu'il est uny avec luy, & que d'ailleurs il ne prend le nom d'ame qu'à cause de cette union; d'où il s'ensuit que l'ame ne differe pas plus de l'animation que le corps differe de la corporeité, c'est à dire, qu'elle n'en differe que d'une distinction de raison. Or si l'ame ne differe de l'animation que d'une distinction de raison, le composé ne differe aussi de la composition que de cette mesme maniere, & par consequent il n'est point faux que l'homme pris formellement pour un cóposé de corps & d'esprit, soit un estre modal, & non pas un estre substantiel. Il est vray que l'ame & l'homme sont distinguez réellement, si on les prend materiellement, c'est à dire, pour l'esprit & pour le corps, entant que le corps & l'esprit sont deux substances réellement distinctes : mais ils ne sont distinguez que d'une distinction de raison, si on les considere formellement entant que l'ame est un esprit uny avec un corps organique, & que l'homme est un corps organique & un esprit unis ensemble. Ce qui ne differe que selon notre maniere de concevoir.

On demande à l'Auteur si le corps, c'est à dire l'étenduë formellement prise, est une substance, ou un estre modal, consistant dans l'union de ses parties. S'il répond que c'est une substance, pourquoy ne veut il pas que l'homme formellement pris soit une substance, quoy qu'il soit composé, & que la composition luy soit necessaire.

L'étenduë formellement prise n'est point un estre modal, mais une veritable substance, parce qu'elle ne renferme aucune modification, comme il sera prouvé en suite; l'homme au contraire formellement pris est un veritable estre modal, parce qu'il consiste dans deux substances, entant que ces deux substances sont modifiées par leur union.

CHAPITRE XXIV.

Si l'union de l'esprit & du corps consiste formellement dans la dépendance mutuelle de leurs fonctions, & si la volonté de Dieu en est la cause efficiente.

Dans la Metaphysique, livre 1. part. 2. chap. 3. j'ay tâché de prouver que les corps & les esprits seront unis pendant qu'il y aura des mouvemens du corps qui dépendront dès pensées de l'esprit, & qu'il y aura des pensées de l'esprit, qui dépendront des mouvemens du corps; parce que c'est precisément dans cette dépendance que consiste leur union. J'ay ajouté que la volonté de Dieu est la cause efficiente de l'union de l'esprit avec le corps.

On soutient au contraire, que cette dépendance mutuelle de l'esprit dans ses pensées, & du corps dans ses mouvemens, n'est pas l'union mesme de l'esprit & du corps, mais un effet & une suite de cette union ; car l'ame ne dépendroit point du corps dans ses pensées, ny le corps de l'ame dans ses mouvemens, si auparavant l'ame n'estoit unie au corps ; ce que les Cartesiens sont obligez de reconnoître dans le mode, qui non seulement est uny à la chose modifiée d'une union locale par l'indistance, mais encore d'une union physique & naturelle, comme à un sujet, qui reçoit veritablement le mode.

Bien loin de dire que l'ame ne dépendroit pas du corps dans ses pensées, & que le corps ne dépendroit pas de l'ame dans ses mouvemens, s'ils n'estoient unis, il faut dire au contraire, que le corps & l'ame ne seroient pas unis s'ils ne dépendoient mutuellement l'un de l'autre dans leurs pensées & dans leurs mouvemens : car c'est formellement dans cette dépendance mutuelle que consiste leur union ; ou si elle consiste en quelque autre chose, que M. du Hamel nous dise en quoy c'est ? mais sur tout qu'il ne nous compare pas l'union de l'esprit & du corps avec l'union du mode & de la substance : car j'ay prouvé dans le quatriéme chapitre, nomb. 5. que toute veritable union suppose des choses réellement distinctes. C'est aussi abuser étrangement du mot d'union locale, que de l'attribuer aux modes & à l'esprit ; car outre que les modes n'ont d'autre lieu que celuy de la substance qu'ils modifient, l'esprit n'en a absolument aucun ; & par consequent l'esprit & les modes sont incapables d'une union locale.

On soutient que la seule volonté de Dieu n'est point la cause prochaine & immediate de l'union de l'ame & du corps, parce que si la seule volonté de Dieu sans proportion naturelle d'acte & de puissance, de forme & de sujet, estoit cause de l'union de l'ame & du corps, il s'ensuivroit qu'un Ange pourroit estre uny au corps, comme l'ame raisonnable y est unie ; donc l'union de l'ame & du corps n'est pas fondée sur la seule volonté de Dieu, mais encore sur la proportion naturelle d'acte & de puissance, de forme & de sujet entre l'ame & le corps, qui ne se trouve pas entre l'Ange & le corps.

Je n'ay jamais dit que la volonté de Dieu fût la cause prochaine & immediate de l'union de l'ame & du corps, j'ay dit au contraire dans la Metaphysique, livre 1. part. 2. chap. 7. nomb. 5. que l'union de l'esprit & du corps dépend immediatement des causes secondes. Je ne sçay aussi ce que M. du Hamel peut entendre par cette proportion d'acte & de puissance, de forme & de sujet, qu'il attribuë au corps & à l'esprit ; ny comment cette proportion peut servir à produire l'union de l'esprit & du corps qui se fait dans chaque generation : car comme cette proportion, en quoy qu'elle consiste, est toujours la mesme du costé du corps & de l'esprit, on ne voit pas comment elle sert à produire l'union qui se fait dans un temps plûtost que dans un autre. C'est pourquoy il seroit inutile de dire, que sans cette proportion un Ange pourroit estre uny à un corps. Car les Cartesiens ne connoissent point d'autre cause qui empesche qu'un Ange ne soit uny à un corps, que parce que Dieu ne veut pas une telle union. Que si M. du Hamel vouloit dire que par la proportion d'acte & de puissance qui est entre le corps & l'esprit, il entend que la nature du corps & de l'esprit est d'estre unis ensemble ; je répons que c'est une petition de principe : car c'est dire proprement que l'esprit & le corps sont unis, parce qu'ils peuvent estre unis.

On peut ajouter que si la mutuelle dépendance du corps & de l'esprit estoit fondée sur la seule volonté de Dieu, le composé d'ame & de corps seroit un d'une unité purement *morale* & extrinseque à l'homme ; parce que la volonté de Dieu ne fait point d'autre unité que morale & extrinseque.

Je ne dis point que la volonté de Dieu soit la seule cause de la mutuelle dépendance de l'esprit & du corps ; je dis au contraire dans le premier Livre de la Metaphyſique, part. 2. chap. 7. nomb. 5. *que l'union de l'eſprit & du corps dépend immediatement des cauſes ſecondes*: Et quand meſme je dirois qu'elle dépend immediatement de la volonté de Dieu, il ne s'enſuivroit pas qu'elle fût ſeulement *morale*: car quoy que M. du Hamel le pretende, il ne le prouve pas; il ſemble au contraire, que l'exemple de Jeſus-Chriſt, dont il ſe ſert, détruit entierement ce qu'il veut établir: car ſuivant le ſymbole de ſaint Athanaſe, Jeſus Chriſt eſt un d'une unité phyſique & intrinſeque, & cependant le ſaint Eſprit a produit ſeul immediatement l'union de ſon corps & de ſon ame : ce qui fait voir que la volonté de Dieu ne fait pas ſeulement des unions *morales* & *extrinſeques*, mais encore des unions *phyſiques & intrinſeques*.

CHAPITRE XXV.

Si l'eſprit eſt uny au corps par une preſence locale, & s'il penſe toujours.

Je dis dans le premier Livre de la Metaphyſique, part. 2. chap. 8. que l'eſprit n'eſt pas uny au corps par une preſence locale.

On ſoutient, que quoy que la ſubſtance de l'ame ſoit indiviſible, cela n'empeſche pas qu'elle ne soit presente au corps d'une presence locale, qu'on appelle *indistance*, parce que les points sont presens à la ligne, les lignes à la surface, & les surfaces à la profondeur ; & partant quand l'ame seroit indivisible *mathematicè*, cela n'empecheroit pas qu'elle ne fût indivisiblement presente au corps.

J'accorde à M. du-Hamel que l'ame est presente au corps, comme les points sont presons à la ligne ; mais je soutiens que les points ne sont point presens localement à la ligne. Toute presence locale suppose un lieu ; tout lieu suppose une superficie environnante ; toute superficie environnante suppose une chose environnée ; & toute chose environnée suppose des côtez par lesquels elle est environnée. Or rien de tout cela ne convient aux points, (j'entens parler des points mathematiques) & par consequent ces points ne sont point presens localement à la ligne : par la mesme raison les lignes ne sont point presentes à la superficie, ny la superficie à la profondeur. La presence locale est un attribut qui n'appartient qu'au corps. Et c'est abuser des mots que de l'attribuer non seulement à l'esprit qui est d'une nature totalement differente du corps, mais mesme aux points & aux lignes, qui ne sont point de veritables corps, mais de simples manieres dont on considere les corps. C'est encore un grand defaut, d'attribuer à l'ame le mot de *mathematicè*, car ce mot est institué pour signifier l'indivisibilité des corps considerez comme des points par des abstractions d'esprit : de sorte que l'attribuer à l'ame, c'est vouloir dire qu'elle n'est indivisible que par de telles abstractions ; ce qui repugne à la nature de l'ame.

2. Il n'y a point de petit Logicien qui ne s'apperçoive du paralogisme de l'Auteur, lors qu'il dit, *qu'il ne peut concevoir une extension virtuelle sans concevoir de la divisibilité, ny concevoir de la divisibilité sans concevoir une étenduë reelle* : Car qui ne voit que comme il y a une extension virtuelle, de mesme aussi il y a une divisibilité virtuelle qui en est une suite ; & par consequent notre Auteur concevant dans son ancienne opinion deux extensions, l'une formelle & l'autre virtuelle, il devoit pareillement concevoir deux divisibilitez, l'une formelle, & l'autre virtuelle ; la formelle pour les corps, qui estoient selon luy formellement étendus ; & l'autre virtuelle pour les esprits, qui selon luy estoient virtuellement étendus.

Quand je dis *que je ne puis concevoir une extension virtuelle sans concevoir de la divisibilité, ny concevoir de la divisibilité sans concevoir une étenduë reelle*, il est aisé de s'appercevoir que cela veut dire que je ne puis absolument concevoir une étenduë virtuelle, & que quand je pensois la concevoir (si je l'ay jamais pensé) c'est l'étenduë reelle que je concevois. En effet, je demande premierement à M. du Hamel, ce que c'est qu'une étenduë virtuelle ? S'il dit que c'est une étenduë en puissance, je répons que cela ne peut estre, parce que toute chose en puissance suppose un sujet puissant ; par exemple une statuë en puissance suppose du marbre capable de devenir statuë ; une maison en puissance suppose des pierres capables de devenir une maison : & ainsi de toutes les autres choses qui sont sujettes à generation, lesquelles sont en puissance dans les sujets, dont elles sont faites : Mais il n'en est pas de mesme de l'étenduë : comme l'étenduë est une veritable substance, elle est incapable d'estre engendrée, & par consequent aussi incapable d'exister en puissance dans un sujet. S'il dit que l'étenduë virtuelle est une étenduë, qui n'est pas étenduë, mais qui a toutes les vertus de l'étenduë ; je répons que cela repugne, parce que les proprietez suivant toujours la nature des choses, il est impossible que ce qui n'est pas étendu, ait les proprietez de ce qui est étendu. Je demande en second lieu, Qu'est-ce que la divisibilité virtuelle ? S'il dit que c'est la puissance d'estre divisé ; je répons que la divisibilité virtuelle n'est pas en cela differente de la divisibilité formelle. Que s'il replique que la divisibilité formelle convient à l'étenduë actuelle, & que la divisibilité virtuelle ne convient qu'à l'étenduë en puissance, je répons encore qu'en mettant la définition à la place du definy, il faudra dire que la divisibilité virtuelle de l'étenduë virtuelle *est la puissance d'estre divisé de la puissance d'estre étendu.* Ce qui est un pur galimathias : comme il n'y a point d'étenduë virtuelle, il n'y a point aussi de divisibilité virtuelle qui en soit une suite : ainsi je ne suis point tombé dans un paralogisme, lors que j'ay dit dans la Metaphysique, livre 1. part. 2. chap. 8. nomb. 1. *Que je ne puis concevoir une extension virtuelle sans concevoir de la divisibilité, ny concevoir de la divisibilité sans concevoir une étenduë reelle.*

3. La presence locale est une suite necessaire de l'existence, c'est à dire, qu'il est impossible qu'une chose existe, à moins qu'elle n'ait quelque presence locale divisible, ou indivisible.

Je me suis fait à moy-mesme cette objection dans le nombre 3. presque dans les mesmes termes. *Je suis si accoutumé à regarder le lieu comme un attribut essentiel de l'estre creé, qu'il me semble que si l'ame n'estoit point dans le corps ou ailleurs, elle ne seroit point du tout.* Voicy la réponse: Je leve cette difficulté en considerant que le lieu n'est propre qu'aux choses qui sont étenduës, & que l'ame ne l'estant point, je n'ay pas droit d'attribuer à l'estre en general une proprieté, qui ne convient qu'au corps en particulier. Or cela est également vray du lieu interieur & du lieu exterieur, quoy qu'on entende toujours parler de ce dernier, quand il s'agit d'une presence locale.

Les Cartesiens ne prouvent donc point que l'ame pense actuellement dans le sein de sa mere : car outre qu'il a esté prouvé que l'essence de l'esprit ne consiste pas dans la pensée actuelle, ny l'union dans la dépendance mutuelle des pensées & des mouvemens du corps & de l'esprit, l'exemple qu'apporte notre Auteur pour prouver que l'ame n'est jamais sans quelque pensée particuliere, pris de ce que le corps n'est jamais sans quelque figure particuliere, prouve nettement le contraire : parce qu'il n'est pas vray que tout corps ait une figure particuliere, puisque l'étenduë avant que d'estre divisée estant immense selon luy, elle n'avoit aucune figure quarrée, ronde, ny autre.

M. du Hamel n'a jamais prouvé que l'essence de l'esprit ne consistât pas dans la pensée actuelle : il n'a pas prouvé non plus que l'union du corps & de l'esprit ne consistât pas dans la mutuelle dépendance des pensées & des mouvemens. Et quant à l'exemple dont je me sers pour prouver que l'ame a toujours quelque pensée particuliere, il est tres propre à démontrer ce que je pretends ; car je ne prends pas cet exemple du corps consideré en luy-mesme, comme M. du Hamel me l'a fait prendre, puisque le corps ainsi consideré estant immense, ne peut avoir aucune figure; mais je le prends d'un corps particulier, comme de la cire, du marbre, de l'or, de l'argent, &c. & que cela ne soit ainsi, voicy comment je parle dans le nomb. 4. Ce qui me confirme dans cette opinion est, que comme un corps particulier n'a pas seulement l'étenduë qui est l'attribut essentiel du corps en general, mais encore que cette étenduë est sous quelque figure particuliere: de mesme mon ame qui est un esprit particulier, n'a pas seulement la pensée, qui est l'attribut essentiel de l'esprit en general, mais elle a encore quelque façon particuliere de penser. Je me sers ainsi de l'exemple d'un corps particulier, ou d'un corps singulier, ce qui est icy la mesme chose : & M. du Hamel me fait servir de l'exemple du corps consideré en luy-mesme; ce qui est si different, que le corps singulier a necessairement quelque figure, & que le corps consideré en luy-mesme, n'en peut avoir aucune.

CHAPITRE XXVI.

Si quand il s'agit des veritez necessaires, les Cartesiens peuvent répondre par la cause formelle, en disant que telle est la nature des choses.

J'ay dit dans la Metaphysique, chap. 9.

que quand on me demandera la cause des veritez necessaires, je répondray par la cause formelle, en disant que telle est la nature des choses : au lieu que quand on me demandera la cause des veritez contingentes, je répondray par la cause efficiente.

On soutient que suivant les principes de l'Auteur, il n'y a point de veritez necessaires differentes de celles qu'il appelle contingentes ; & par consequent, que pour répondre conformement à ses principes, il ne doit jamais répondre par la nature des choses, mais par la seule volonté de Dieu, qui selon luy est la seule & unique cause de toutes les veritez.

Avant que de répondre à cette difficulté, il faut remarquer 1. Que la volonté de Dieu est la seule & unique cause de toutes les veritez ; mais il faut entendre qu'elle en est la seule & unique cause premiere, & non pas la seule & unique cause immediate. Or quand on demande la cause d'une verité, ce n'est pas la cause premiere qu'on demande, mais la cause immediate. Par exemple, quand on demande la cause du flux de la mer, on ne demande pas la cause premiere, car tout le monde sçait que Dieu est cette cause premiere ; mais on demande la cause immediate, sçavoir celle qui pousse immediatement les eaux des tropiques vers les poles ; & quand on a répondu que c'est l'air, on demande encore quelle est la cause immediate de l'impulsion de l'air; & ainsi de cause immediate en cause immediate, on remonte jusqu'à la cause premiere.

Il faut remarquer 2. Que la contingence & la necessité des veritez ne se prend pas de la cause premiere, mais de la cause immediate; en sorte que les veritez sont dites necessaires ou contingentes, selon que la cause immediate, de laquelle elles dépendent, agit d'une maniere contingente ou necessaire: d'où il s'ensuit que toutes les proprietez essentielles des choses sont des veritez necessaires, parce qu'elles emanent immediatement de la nature même des choses, laquelle est necessaire & immuable, au moins d'une necessité & d'une immutabilité hypothetiques. Au contraire les accidens communs sont des veritez contingentes, parce qu'ils ne sont pas necessairement dans leur sujet, & qu'ils y sont produits par quelque cause exterieure qui n'agit pas avec necessité sur ce sujet. Ainsi, par exemple, l'égalité de trois angles d'un triangle à deux droits est une verité necessaire, parce qu'elle procede immediatement de la nature du triangle comme de sa cause formelle. Et l'égalité des trois costez du mesme triangle est une verité purement contingente, parce qu'elle ne procede pas immediatement de la nature du triangle, mais d'une cause efficiente, qui ne la produit que par accident dans le triangle. Cela posé,

Je répons à M. du Hamel, que selon mes principes il y a des veritez necessaires differentes de celles que j'appelle contingentes ; & par consequent, que pour répondre conformement à mes principes, je dois souvent répondre par la nature des choses, & jamais par la volonté de Dieu, bien que la volonté de Dieu soit la seule & unique cause premiere de toutes choses ; parce que, comme je viens de le remarquer, ce n'est jamais la cause premiere qu'on demande, mais les causes immediates : & il n'importe de dire que Dieu est la cause immediate de l'égalité de trois angles d'un triangle à deux droits, puisque selon moy-mesme les trois angles d'un triangle ne sont égaux à deux droits, que parce que Dieu l'a voulu. Car je demeure bien d'accord que les trois angles d'un triangle ne sont égaux à deux droits, que parce que Dieu l'a voulu, mais il ne l'a pas voulu Immediatement, puis qu'il a voulu que cette égalité fust dépendante de la nature mesme du triangle.

CHAPITRE XXVII.

S'il est de l'essence de l'ame de connoître le corps en general.

J'ay tâché de prouver dans la Metaphysique, livre 2. chap. 3. qu'il est de l'essence de l'ame de connoître l'étenduë ou le corps en general.

On soutient qu'il n'est pas de l'essence de l'ame de connoître le corps en general, & que suivant les principes de l'Auteur, il y a contradiction à dire qu'il est de l'essence de l'ame de connoître le corps en general, & qu'il ne soit pas de l'essence de l'ame de connoître les corps en particulier, parce que l'Auteur dit expressément dans le premier chapitre de sa Réponse à la Censure de la Philosophie Cartesienne: *Que tout ce qui existe est singulier, & que ce n'est que par des abstractions d'esprit que nous le rendons general* D'où il s'ensuit que l'ame n'auroit jamais l'idée de l'étenduë en general, si elle ne la formoit de l'idée de quelque étenduë particuliere.

Je demeure d'accord que l'ame n'auroit jamais l'idée de l'étenduë en general, si elle ne la formoit de l'idée de quelque étenduë particuliere ; mais il faut remarquer que par cette étenduë particuliere, il ne faut pas entendre une étenduë indéterminée, mais une étenduë déterminée & singuliere ; dont la raison est, que l'étenduë particuliere dont l'ame forme l'idée de l'étenduë en general par des abstractions, est une étenduë existente, & par consequent singuliere : car tout ce qui existe est singulier. Or cela posé, il est évident qu'il n'y a aucune contradiction à dire qu'il est de l'essence de l'ame de connoître le corps en general, & qu'il n'est pas de l'essence de l'ame de connoître les corps en particulier ; parce qu'il peut estre de l'essence de l'ame de former l'idée de l'étenduë en general de l'idée de quelque étenduë singuliere, sans qu'il soit de son essence de la former de l'idée de telle ou telle étenduë singuliere.

CHAPITRE XXVIII.

Si l'idée, ou la connoissance de Dieu est essentielle à l'ame.

Dans le second Livre de la Metaphysique, part. 1. chap. 4. j'ay tâché d'expliquer la maniere particuliere dont l'ame connoît, & j'ay dit qu'il estoit à remarquer que l'idée de Dieu estant essentielle à l'esprit, & l'esprit ne perdant rien de son essence en s'unissant au corps, il est necessaire que l'ame conserve l'idée de Dieu, mais de telle sorte, que cette idée doit estre bien plus obscure & plus confuse dans l'ame que dans l'esprit, à cause que l'esprit luy donne toute son attention, & que l'ame ne luy donne qu'une partie de la sienne, l'autre partie estant continuellement employée à la consideration des choses materielles.

On soutient que tout ce discours ideal renferme autant de contradictions que de mots. 1. Il y a contradiction à dire d'un côté que l'idée de Dieu est essentielle a l'esprit, & que l'esprit ne perd rien de son essence en s'unissant au corps; & de l'autre côté, à dire que cette idée par l'union perd de sa clarté en devenant plus obscure & plus confuse; comme si l'essence de l'esprit estoit capable de plusieurs degrez de clarté.

Il n'y a nulle contradiction à dire d'un côté *que l'idée de Dieu est essentielle à l'esprit, & que l'esprit ne perd rien de son essence en s'unissant au corps*; & de l'autre côté, à dire *que cette idée par l'union perd de sa clarté*; car il ne s'ensuit pas de là, comme M. du Hamel le pretend, que l'essence de l'esprit soit capable de plusieurs degrez de clarté; il s'ensuit seulement qu'une chose qui est de l'essence de l'esprit, est tantost plus, & tantost moins claire. Ce qui ne repugne pas plus qu'il repugne que la chaleur qui est essentielle au feu, soit tantost plus & tantost moins violente, ou que les trois côtez, qui sont essentiels au triangle, soient tantost plus grands, & tantost plus petits.

2. Il y a

2. Il y a contradiction à dire que l'ame ne donne qu'une partie de son attention à l'idée de Dieu; & à dire que cette attention, qui est l'idée mesme, est essentielle à l'ame, parce que l'essence de l'ame n'a point de parties.

J'ay dit plusieurs fois que l'idée de Dieu est essentielle à l'ame, mais je n'ay jamais dit que l'attention & cette idée fussent une mesme chose : J'ay au contraire declaré tres expressément dans le cinquiéme chapitre de cette Réponse, que l'attention & l'idée sont deux choses differentes. Et parce que l'attention de l'ame est plus ou moins grande, à mesure qu'elle a en mesme temps plus ou moins d'idées, (selon cette commune maxime, *Pluribus intentus minor est ad singula sensus*) j'ay fort bien pû, sans me contredire, asurer d'un côté que l'idée de Dieu est essentielle à l'ame, & asurer de l'autre que l'ame ne luy donne qu'une partie de son attention, parce qu'elle employe l'autre partie à la consideration des choses materielles.

3. Il y a contradiction à dire *que l'ame pense toujours à Dieu, & qu'elle ne s'apperçoit neanmoins de cette pensée que lors qu'il y a quelque chose qui la fait rentrer en elle-mesme*, puisque suivant les principes de l'Auteur repetez cent fois, la pensée est essentiellement reflexive sur elle-mesme.

Il est vray que l'ame pense toujours à

Dieu, mais elle y pense d'une maniere si abstraite, que ce n'est point tomber en contradiction de dire qu'elle ne s'apperçoit de cette pensée, que lors que quelque chose la fait rentrer en elle-mesme : car cela ne veut pas dire qu'elle ne s'en apperçoive point absolument ; mais seulement qu'elle s'en apperçoit si peu, qu'il luy semble ne s'en pas appercevoir. En quoy il arrive à l'ame à l'égard de Dieu, ce qui luy arrive à l'égard d'elle mesme : Car, selon saint Augustin, dans le Livre de l'Esprit qu'on luy attribuë : *L'esprit n'est jamais sans se connoître ; cependant il l'ignore, & son ignorance vient de ce qu'estant parmy les corps, son affection & l'habitude qu'il a avec eux, fait qu'il y pense continuellement.* Ce qui revient à ce que j'ay dit de l'idée de Dieu, sçavoir que l'ame ne luy donne qu'une partie de son attention, l'autre partie estant continuellement employée à la consideration des choses materielles.

4. Il y a contradiction à dire que l'ame a une idée de Dieu qui ne luy vient que par accident, & lors qu'elle entend le nom de Dieu, le bruit du tonnerre, la voix d'un Predicateur, &c. Et à dire, comme dit l'Auteur dans sa pretenduë démonstration de l'existence de Dieu, *qu'il est impossible qu'aucune idée de Dieu vienne, ou procede des creatures.*

Cette pretenduë contradiction est encore

plus mal fondée que les precedentes ; car dire d'un côté que l'ame a une idée de Dieu, qui luy vient par accident, c'est assurer que cette idée de Dieu dépend de quelque creature, comme de sa cause efficiente seconde; & dire de l'autre côté, que l'idée de Dieu ne peut venir d'aucune creature, c'est assurer qu'aucune creature ne peut estre la cause exemplaire de l'idée de Dieu ; ce qui ne repugne en aucune maniere.

5. Il y a contradiction à dire d'un côté *que l'idée de Dieu, qui est essentielle à l'ame, est une veritable idée* ; & à dire de l'autre côté *que l'ame est peu attentive à cette idée*, parce qu'avoir l'idée de Dieu, & avoir attention à Dieu, ne sont que la mesme chose.

Je l'ay dit plusieurs fois, & je le repete encore, l'attention & l'idée sont deux choses differentes; l'idée est de sa nature indivisible, & l'attention a differens degrez : c'est pourquoy cette contradiction n'est pas differente de la seconde ; sa solution dépend aussi des mesmes principes. La sixiéme contradiction n'est pas differente de la cinquiéme & de la seconde ; je la resous aussi de la mesme maniere, en soûtenant que l'idée & l'attention ne sont pas une mesme chose.

De tout cecy il est aisé d'inferer qu'il n'y a aucune idée de Dieu qui soit essentielle à l'ame, comme un chacun le peut connoître par sa propre experience ; d'où il s'enfuit que l'idée de Dieu ne procede point d'autre principe que de l'idée des creatures, qui font rentrer l'ame en elle-mesme, & donner son attention à Dieu, tels que sont le bruit du tonnerre, la voix des Predicateurs, &c.

Il n'y a rien de si confus que ce que M. du Hamel ajoute à ces pretenduës contradictions. Il dit premierement, qu'il n'y a aucune idée de Dieu, qui soit essentielle à l'ame ; mais il ne le prouve pas. Il dit encore que l'idée de Dieu ne procede point d'autre principe que de l'idée des creatures, qui font rentrer l'ame en elle-mesme. Or comment l'idée de Dieu procede-t-elle de l'idée des creatures? En procede-t-elle comme de sa cause efficiente, ou comme de sa cause occasionelle ? Elle n'en procede pas comme de sa cause efficiente ; car M. du Hamel dit luy-mesme, que l'idée des creatures ne sert qu'à faire rentrer l'ame en elle-mesme pour penser à Dieu ; elle en prode donc comme de sa cause occasionelle. Or la cause occasionelle ne produit point son effet, elle donne seulement occasion à la cause veritable de le produire : il s'agit donc de sçavoir quelle est la veritable cause de l'idée de Dieu. Dira-t-il que c'est l'ame mesme? Cela ne peut estre, parce que l'ame ne peut former l'idée de Dieu sans connoître Dieu ; & si elle le connoît, elle n'a pas besoin d'en former l'idée. Il faut donc conclure que c'est Dieu qui produit cette idée dans l'ame. Or est-il, qu'il a esté demontré dans la Metaphysique, que Dieu produit son idée dans l'esprit en le creant, & que l'esprit ne perd rien de son essence en s'unissant au corps : il s'ensuit donc que l'idée de Dieu est essentielle à l'esprit & à l'ame : ce qui estoit à prouver.

Au reste, la distinction que nostre Auteur apporte de l'ame consideree comme esprit, qui se connoît essentiellement elle-mesme, & qui connoit essentiellement Dieu & les autres esprits, avant que d'estre unie à un corps, & entre l'ame consideree comme ame, qui aprés son union est distraite de la connoissance de soy-mesme, de celle de Dieu, & des autres esprits, sent trop l'heresie d'Origene pour n'estre pas relevée.

Je ne sçay pas si ce que je dis de l'esprit & de l'ame sent l'heresie d'Origene ; mais je sçay bien, que saint Augustin met la mesme difference que moy entre l'esprit & l'ame. Voicy comment il parle dans le 34. chapitre du Livre de l'esprit & de l'ame. *Quand je l'appelle ame, j'entens la mesme chose que quand je la nomme esprit ; mais je luy donne le premier nom par une raison, & le second par une autre. Je l'appelle ame quand je ne considere en elle autre chose, sinon qu'elle donne la vie à l'homme ; mais quand je regarde simplement de quelle ma-*

D iij

niere elle agit en elle-mesme, pour lors je la nomme seulement esprit. L'attention continuelle de l'ame aux objets materiels, & la peine qu'elle sent à se connoître elle-mesme, est merveilleusement bien expliquée dans le Livre de l'Esprit, qu'on attribuë au mesme saint Augustin. *La raison,* dit-il, *pour laquelle l'esprit de l'homme a tant de peine à se connoître est, qu'estant parmy les corps, son affection & l'habitude qu'il a avec eux, fait qu'il y pense continuellement; ce qui est cause qu'il ne se peut retirer chez luy pour se regarder, & que les images des choses corporelles se representent à luy pour le troubler dans sa retraite.* Saint Thomas croit aussi bien que saint Augustin, que les substances intelligentes, telles que les esprits, se connoissent elles-mesmes par elles-mesmes, c'est à dire, par leur propre nature. C'est ce qu'il enseigne expressément dans la premiere partie, quest. 56. art. 1. où il dit, *Que les Anges se connoissent eux-mesmes par leur propre substance.* Il faut ajouter que l'erreur des origenistes ne consistoit pas à mettre de la difference entre l'ame & l'esprit, comme j'y en mets aprés saint Augustin; mais à publier que Jesus-Christ n'estoit Fils de Dieu que par grace & par adoption; que comparé aux hommes, il n'estoit que verité: mais que comparé à Dieu, il n'estoit que mensonge. Ils soutenoient d'autres resveries fort desavantageuses au Sauveur de nos ames: ils publioient que l'ame estoit creée quelque temps avant le corps (ce que nous nions;) qu'elle commet des pechez dans le Ciel; que les tourmens des demons & des damnez finiront, & que les Anges apostats seront rétablis en leur premier état. Voila en general les erreurs des origenistes, ausquelles nous n'avons aucune part.

CHAPITRE XXIX.

Si l'ame se connoît mieux qu'elle ne connoît le corps.

J'ay entrepris de prouver dans la Metaphysique, Livre 2. part. 1. chap. 6. que l'ame se connoît mieux qu'elle ne connoît le corps en general, & qu'elle se connoît encore mieux qu'elle ne connoît le corps auquel elle est unie. M. du Hamel soutient le contraire, mais par des raisons à peu prés semblables à celles qui ont esté proposées sur le mesme sujet par l'Auteur de la Censure de la Philosophie Cartesienne : c'est pourquoy, comme j'ay déja répondu à cet Auteur ; pour éviter les redites, M. du Hamel pourra aller voir ma Réponse qui est dans le chap. 3. art. 6.

CHAPITRE XXX.

Si l'ame connoît sans idée les choses qui sont en elle-mesme.

J'ay dit dans la Metaphysique, Livre 1. part. 1. chap. 16. que l'ame n'a besoin d'aucune idée pour connoître les choses qui sont au dedans d'elle, parce qu'il n'y a dans l'ame que des idées, des sensations, & des passions de l'ame, lesquelles sont connuës par elles-mesmes. M. du Hamel soutient au contraire, que l'ame a besoin d'idées pour connoître ses idées, ses sensations, & ses passions ; ce qu'il tâche de prouver par des raisons qui ont esté détruites dans la Réponse à la Censure de la Philosophie Cartesienne, pages 43. 44. & 45.

CHAPITRE XXXI.

Si l'ame connoît les esprits par sa propre substance.

J'ay tâché de prouver dans le mesme chapitre, que les idées par lesquelles l'ame connoît les esprits ne sont pas differentes de sa propre substance. M. du Hamel soutient le contraire : mais je ne m'arresteray pas à examiner ses raisons, parce qu'elles sont toutes fondées sur l'équivoque du mot d'*ame*, & d'*esprit* : car je demeure d'accord que l'ame se connoit par des idées & par des sensations, qui different d'elle modalement : mais je soutiens que l'esprit se connoît luy-mesme, & les autres esprits considerez simplement comme esprits, par sa propre substance. Voyez mon Systeme de Philosophie, livre 2. part. 1. chap. 16. & le 28. chap. de cette Réponse, nomb. dernier.

CHAPITRE XXXII.

Si c'est la volonté qui juge & qui raisonne.

Tout ce chapitre roule sur l'équivoque du mot de *juger* & de *connoitre*. M. du Hamel veut que *juger* soit concevoir les rapports qui sont entre deux ou plusieurs choses ; & les Cartesiens veulent que concevoir ces rapports, soit simplement *connoitre*, sans *juger* ; car *juger* selon eux, c'est donner ou refuser son consentement aux choses qu'on a conceuës : mais comme il est permis à chacun de définir les mots comme il veut ; pourveu qu'il en avertisse, nous permettons à M. du Hamel d'entendre par le mot de *juger*, côcevoir les choses ;

mais il nous permettra aussi, s'il luy plaist, d'entendre par ce mot, *donner ou refuser son consentement aux choses qu'on a conçuës.*

CHAPITRE XXXIII.

Si la volonté est une puissance active.

J'ay dit dans le second Livre de la Metaphysique, part. 2. chap. 2. qu'on regarde communément l'ame comme une chose qui se détermine d'elle mesme & par elle-mesme, & par consequent comme une chose qui est agissante de sa nature ; mais je sçay que cette action ou efficacité de l'ame n'est appuyée que sur le prejugé des sens, qui fait que l'on attribuë à l'ame, & en general à toutes les causes secondes de veritables actions, bien qu'elles n'en puissent produire aucune ; car pour produire de veritables actions il faut agir de soy-mesme & par soy-mesme, c'est à dire par sa propre vertu ; & il est certain qu'il n'y a que Dieu qui puisse agir de cette sorte : d'où il s'ensuit qu'il n'y a que Dieu qui soit une cause veritablement efficiente.

On soutient que le titre du Chapitre qui porte *que la volonté est une puissance active*, repugne à ce qui est dit dans le Chapitre, sçavoir que l'action & l'efficacité de l'ame ne sont appuyées que sur le prejugé des sens : car si la volonté est une puissante active, comme porte le titre, il est constant que l'ame a quelque action, puisque la volonté est une faculté de l'ame.

Quand je dis dans le titre du Chapitre *que la volonté est une puissance active*, j'entens parler d'une activité dépendante de Dieu, & soumise à sa puissance; & quand je dis dans le corps du Chapitre, que l'efficacité de la volonté de Dieu n'est fondée que sur le prejugé des sens, j'entens parler d'une efficacité absoluë, telle qu'est l'efficacité de Dieu : en quoy il n'y a aucune contradiction : car rien n'empesche que l'ame ne puisse agir par une vertu intrinseque que Dieu luy communique, & qu'elle ne soit active à cet égard, bien qu'elle ne puisse pas agir par une vertu intrinseque propre, & indépendante de Dieu.

On soutient encore que la volonté est veritablement active, & qu'elle produit de veritables actions, le libre arbitre ne pouvant estre une puissance purement passive, selon le Concile de Trente.

Les définitions des mots estant arbitraires, rien n'empesche que M. du Hamel n'appelle les actions de la volonté de veritables actions; mais il me permettra de dire qu'il doit mettre quelque difference entre les actions de Dieu, & celles de la volonté humaine; & que c'est cette difference, en quoy qu'il la fasse consister, qui fait que

D vj

j'appelle les actions de Dieu de veritables actions, & que je me contente de laisser simplement le nom *d'action* aux actions de la volonté humaine: d'où il s'ensuit que cette volonté est veritablement active en la comparant aux puissances purement passives; mais qu'elle n'est pas veritablement active en la comparant à la puissance de Dieu, qui est active par elle-mesme: Ce qui fait voir qu'entre une puissance veritablement active & une puissance purement passive il y a un milieu, que M. du Hamel semble n'avoir pas connu.

En effet, si nous examinons la raison que l'Auteur apporte pour prouver que l'ame ne produit aucune veritable action, nous trouverons qu'elle roule sur une equivoque, ou sur une petition de principe. Il apporte pour raison, que pour produire de veritables actions il faut agir de soy-mesme & par soy-mesme: mais on luy demande ce qu'il entend par agir de soy-mesme & par soy-mesme? S'il entend agir par une vertu premiere & indépendante, c'est une pure petition de principe, car c'est dire que la creature ne peut veritablement agir, parce que Dieu seul peut agir, & que la creature qui est dependante ne peut agir; ce qui est en question. S'il entend agir par une vertu intrinseque & naturelle à la cause qui agit, mais dépendante de la cause premiere, il n'est pas vray que Dieu seul puisse agir de soy-mesme & par soy-mesme, puisque la creature peut avoir une telle vertu; & partant la raison dont il se sert pour prouver que l'ame n'a aucune veritable action, n'est qu'une pure equivoque, ou une pure petition de principe.

La raison que j'apporte pour prouver que l'ame ne produit pas de veritables actions, ne roule sur aucune equivoque ; car je dis fort nettement & sans aucune ambiguité, que pour produire de veritables actions il faut agir de soy-mesme & par soy-mesme ; ce que la volonté ne peut faire, à cause qu'elle dépend de Dieu. Elle n'est pas non plus une petition de principe ; car je ne crois pas que personne (à M. du Hamel prés) se soit jamais avisé de mettre en question si la creature, qui est dépendante, peut agir veritablement comme Dieu agit, c'est à dire d'une maniere indépendante. Tout le monde entend comme moy, que la volonté agit par une vertu, qui est intrinseque à l'ame, mais qui est dépendante de Dieu ; ce qui fait que la volonté agit, mais qu'elle n'agit pas veritablement, c'est à dire par une vertu propre, telle qu'est la vertu de la volonté de Dieu.

Et s'il estoit permis de se servir d'une telle equivoque, il seroit aisé de prouver qu'il n'y a que Dieu qui existe veritablement.

Je tombe d'accord que comme il n'y a que Dieu qui agisse veritablement, il n'y a aussi d'autre existence que la sienne, qui soit veritable, c'est à dire qui soit indépendante. C'est pourquoy comme nous ne laissons pas de dire qu'il y a des choses qui existent, bien que leur existence soit dépendante de Dieu, nous ne laissons pas aussi de dire qu'il y a des choses qui agissent, bien que leur action dépende de Dieu.

On peut mesme faire voir une contradiction de l'Auteur, quand il dit d'un côté, *que les actions des creatures ne sont point de veritables actions:* Et quand il dit d'un autre côté, *que Dieu n'est pas la cause immediate des modes;* car les modes ont une veritable cause efficiente immediate.

Il suffit que les creatures agissent pour estre les causes secondes immediates des modes, sans toutefois qu'il soit necessaire qu'elles agissent d'une maniere indépendante, comme Dieu agit, car c'est ce que j'entens par agir veritablement; de sorte qu'on peut dire en quelque façon après saint Thomas, que l'action des creatures est à l'égard de l'action de Dieu, comme l'action de l'instrument est à l'égard de l'action de la cause principale.

CHAPITRE XXXIV.

Si l'Auteur explique bien l'indifference du libre arbitre.

J'établis dans la Metaphysique, livre 2. part. 2. chap. 5. que le libre arbitre est une espece de volonté qui regarde les objets dont les rapports ne sont que contingens; c'est pourquoy il faut qu'il agisse avec indifference, c'est à dire de telle sorte qu'il retienne toujours la puissance de ne pas agir, ou d'agir d'une maniere toute contraire à celle dont il agit. Je dis encore dans le 6. Chapitre, que Dieu est la cause efficiente premiere des déterminations de la volonté, & que les idées de l'entendement en sont les causes efficientes secondes.

M. du Hamel conclut de là, que la volonté n'est indifferente d'elle-mesme, que d'une indifference passive. Voicy comment il parle. On soutient que cette doctrine est dangereuse, en ce qu'elle porte que la volonté reçoit toutes ses déterminations de Dieu, & des causes secondes & immediates; parce qu'il suit de là que la volonté mesme entant que libre, est une puissance purement passive, ainsi qu'une chose inanimée; ce qui a esté condamné par le Concile de Trente.

Il suffit d'avoir prouvé dans le Chapitre precedent que la puissance de la volonté est active, pour obliger M. du Hamel à reconnoître que son indifference est aussi active; car je ne distingue point réellement, ny modalement, la puissance de la volonté de son indifference; c'est pourquoy l'indifference que je mets dans la volonté estant active, elle n'a rien d'opposé à la décision du Concile de Trente. Ce Concile ne veut autre chose, si ce n'est que la volonté ne soit pas regardée comme une puissance purement passive. Au reste, il y a une fort grande différence entre dire sans restriction que la volonté reçoit toutes ses déterminations de Dieu & des causes secondes immediates; & dire qu'elle les reçoit de Dieu & des idées de l'entendement. Car dire qu'elle les reçoit de Dieu & des causes secondes, qui sont hors de l'ame, c'est assurer que la volonté est une puissance purement passive. Et dire qu'elle les reçoit de Dieu & des idées de l'entendement, qui sont dans l'ame, c'est dire qu'elle est une puissance active ; car on n'entend en general par une puissance active, qu'une puissance, qui agit par une vertu intrinseque, soit que cette vertu soit propre à la chose qui agit, soit qu'elle l'ait receuë de Dieu, mediatement ou immediatement.

On soutient que quand l'indifference que l'Auteur admet dans la volonté, seroit active, elle ne seroit pas neanmoins suffisante pour le libre arbitre ; parce que l'indifference requise pour le libre arbitre est une indifference prochaine & immediate pour agir & ne pas agir, laquelle l'Auteur n'admet pas, car qui dit indifference prochaine d'agir & de ne pas agir, joint deux puissances distinguées selon notre maniere de concevoir, sçavoir une puissance pour agir, & une puissance pour ne pas agir, ou retenir son action : ce que nous appellons *in sensu composito potentiarum.* Or l'Auteur ne joint point ces deux puiſſances dans le libre arbitre, au contraire il les diviſe; par conſequent quand il admettroit une indifference active dans la volonté, elle ne ſeroit pas ſuffiſante pour le libre arbitre.

Je tombe d'accord que qui dit indifference prochaine d'agir & de ne pas agir, joint deux puiſſances diſtinguées ſelon notre maniere de concevoir, ſçavoir une puiſſance pour agir, & une puiſſance pour ne pas agir; mais M. du Hamel a tort de m'accuſer que j'ôte au libre arbitre ces deux puiſſances: car bien loin de les luy ôter, je les luy attribuë, non ſeulement avant qu'il agiſſe, mais meſme lors qu'il agit. Je les luy attribuë avant qu'il agiſſe, lors que je dis dans le 8. Chap. de la 2. part. du 2. liv. nomb. 1. *que la liberté conſiderée dans la volonté avant qu'elle ſe détermine, n'eſt autre choſe que la puiſſance que la volonté a d'aimer ou de haïr.* Or il paroiſt par là que j'attribuë à la volonté avant qu'elle agiſſe, une indifference prochaine. Je la luy attribuë meſme lors qu'elle agit quand je dis dans le nomb. 2. *que la liberté des actions humaines conſiſte en ce que l'ame aime de telle ſorte ce qu'elle aime, qu'elle retient toujours la puiſſance de ne le pas aimer, ou d'aimer le contraire de ce qu'elle aime.* Ce qui fait voir que j'attribuë l'indifference prochaine à la liberté humaine, lors mesme qu'elle agit. Et il ne serviroit de rien de dire, que dans le nomb. 4. je divise les deux puissances d'agir & de ne pas agir, en disant que quand le libre arbitre aime une chose, il l'aime de sorte qu'il retient la puissance de la haïr, lors que l'entendement viendra à la luy representer comme mauvaise ; car dans cet endroit là je ne pretends pas separer les puissances d'agir & de ne pas agir, mais seulement separer l'action de la non action, ou l'action de l'action contraire, c'est à dire pour parler le langage de M. du Hamel, que la volonté qui agit retient la puissance de ne pas agir *in sensu diviso actuum*, & *in sensu composito potentiarum*.

Et l'Auteur n'explique pas mieux le sens composé & le sens divisé, que la puissance d'agir & de ne pas agir ; car outre que tout ce discours est embarrassé, & qu'il contient plusieurs contradictions, entr'autres celle-cy, *que les actions du libre arbitre ne sont pas libres*, l'Auteur met l'essence de la liberté en ce que la volonté n'est point contrainte, & qu'elle retient la puissance de ne pas agir *in sensu diviso* ; ce qui seroit vray s'il avoit ajouté *in sensu diviso actuum*, & qu'il eût dit qu'elle retient, lors qu'elle agit, la puissance de ne pas agir *in sensu composito potentiarum* ; ce qu'il a expressément nié, lors qu'il a dit *que quand on agit, on retient la puissance de ne pas agir*, parce que l'entendement dans un autre temps peut representer les raisons de ne pas agir.

de M. du Hamel. 91

Je ne sçay pas pourquoy l'explication que j'ay proposée du sens composé & du sens divisé, paroist si embroüillée à M. du Hamel; car c'est la mesme qu'Aristote a donnée 3. *Elenchorum*, où traitant du Sophisme de composition, il dit que cette proposition, *Il est impossible qu'un homme écrivant n'écrive pas*, ne signifie pas la mesme chose, si on la fait en composant, & en divisant; car en composant on joint ensemble écrire & ne pas écrire dans un mesme sujet; & en divisant, on joint seulement ne pas écrire avec la puissance d'écrire. Mais pour faire droit de reste à M. du Hamel, je luy veux laisser passer son explication du sens composé & du sens divisé, qu'il appelle *sensus divisus actuum*, & *sensus compositus potentiarum* : mais je soutiens en mesme temps que cette explication n'a rien d'opposé à ce que je dis de la nature de la liberté, lors que j'assure que la volonté n'est pas contrainte, & qu'elle retient toujours la puissance de ne pas agir; car cela est tres veritable *in sensu diviso actuum*. De plus, quand je dis que la volonté retient, lors qu'elle agit, la puissance de ne pas agir, cela est encore tres veritable *in sensu composito potentiarum :* Ainsi tout ce que je dis de la liberté, n'a rien d'opposé à l'explication de M. du Hamel. Et il n'importe de dire que je la nie, lors que j'aſſure *que quand on agit, on retient la puiſſance de ne pas agir*; parce que l'entendement, dans un autre temps, peut repreſenter les raiſons de ne pas agir; car cette puiſſance de l'entendement n'empeſche pas que la volonté ne retienne deux puiſſances, l'une d'agir & l'autre de ne pas agir, qui eſt tout ce que M. du Hamel demande.

Au reſte, il n'y a rien de plus mal fondé que la contradiction qu'il m'attribuë, en me faiſant dire que les actions du libre arbitre ne ſont pas libres: car voicy comment je parle dans le Livre 2. part. 2. chap. 9. nomb. 2. *Ce qui fait voir que les actions du jugement & du libre arbitre ſont parfaitement libres, ſi par le mot de libres, on entend, comme on le doit faire, des actions qui procedent d'une faculté intelligente qui agit ſans contrainte, & qui retient toujours la puiſſance de ne pas agir dans le ſens diviſé : mais ſi par le mot de libres, on veut entendre des actions, qui procedent d'une faculté qui ſe détermine d'elle-meſme & par elle-meſme comme fait la volonté de Dieu, les actions du libre arbitre ne ſont pas libres.* Or ces paroles font connoitre clairement, que quand je dis que les actions du libre arbitre ne ſont pas libres, cela ne doit pas eſtre entendu abſolument, mais de telle ſorte, que mes paroles ſignifient que les

de M. du Hamel.

actions du libre arbitre ne font pas libres, comme les actions de la volonté de Dieu sont libres : Ce que M. du Hamel n'oseroit nier.

CHAPITRE XXXV.

S'il est de l'essence de l'ame d'aimer son union avec le corps.

J'ay dit dans le second Livre, part. 2. chap. 7. que comme l'esprit ne prend le nom & la forme d'ame, qu'à cause de l'union qu'il a avec le corps, il est absolument necessaire que l'esprit, tandis qu'il est uny avec le corps, aime son union avec le corps, parce que c'est dans cette union que consiste son essence d'ame.

On soutient au contraire, qu'il n'est pas de l'essence de l'ame d'aimer son union, 1. Parce qu'il n'est pas vray que l'esprit de l'homme ne prenne la forme d'ame qu'à cause de son union avec le corps, puis que l'Auteur mesme dans le troisiéme Livre, traite expressément de l'estat de l'ame aprés la mort : d'où il s'ensuit que quand l'ame s'aimeroit necessairement, elle n'aimeroit pas pour cela essentiellement son union avec le corps.

Puis que M. du Hamel a reconnu dans le 15. Chapitre, que les choses peuvent tendre à changer leur estat, mais non pas à changer leur essence, il est pareillement obligé de reconnoitre dans celuy-cy, que l'ame ne peut tendre à changer son union, parce qu'il a esté prouvé dans la Metaphysique, livre 1. part. 2. chap. 1. que l'union est de l'essence de l'ame. Et il seroit inutile de dire, que dans le troisiéme Livre j'ay parlé de l'estat de l'ame aprés la mort; car j'ay dit expressément dans cet endroit, que par le mot d'*ame* j'entendois l'esprit; & quand je ne l'aurois pas dit, cela seroit assez sous-entendu par tout ce que j'ay dit de l'ame dans ce Livre.

2. Parce que si l'ame aimoit essentiellement son union avec le corps, elle ne pourroit jamais desirer d'estre separée du corps: Or plusieurs ont desiré cette separation; par exemple saint Paul, & une infinité de Payens qui ont méprisé la vie, jusqu'à se donner eux-mesmes la mort.

Il est vray que saint Paul a dit qu'il souhaiteroit de mourir pour estre avec Notre Seigneur Jesus-Christ; mais il est vray qu'il l'a dit, ou par l'effort d'une grace surnaturelle, qui l'a élevé au dessus de luy-mesme; ou par un transport d'amour semblable en quelque façon à celuy des personnes, qui assurent qu'elles seroient contentes de mourir aprés avoir possedé un bien qu'elles souhaitent ardemment. Et quant aux Payens qui se sont donnez eux-mesmes la mort, il est certain qu'en se tuant, ils ont

de M. du Hamel.

pretedu̅u se rendre plus heureux, & qu'ils ne l'ont pû pretendre sans s'aimer : ils se sont donc aimez en se tuant ; mais ils se sont aimez mal, & par erreur, ainsi qu'on s'aime souvent, cóme je l'ay demontré dans le 1. Livre de ma Morale, chap. 1. S. Aug. prouve encore que l'homme aime essentiellement son estre ; c'est dans le Livre 11. de la Cité de Dieu, ch. 26. où il dit qu'il y a trois choses qui sont indubitables, *sçavoir que nous sommes ; que nous sçavons que nous sommes ; & que nous nous aimons.* Il ajoute qu'il n'y a personne qui ne souhaite autant d'estre, qu'il souhaite d'estre heureux ; *Tam porro nemo est, qui esse nolit, quam nemo est, qui non beatus esse velit.* Or tout le monde aime essentiellement d'estre heureux, donc tout le monde aime essentiellement d'estre & d'exister : ce qu'il falloit prouver.

3. Parce que si tous les Amours n'estoient que des modifications de l'amour propre essentiel à l'ame, nous ne pourrions aimer les choses, qui sont hors de nous que par un amour interessé qu'on appelle amour de *concupiscence*, & la bonne morale nous détache de l'amour propre ; l'amour propre n'est pas donc essentiel à l'ame.

Il y a deux sortes d'amour propre ; l'un *ignorant*, & l'autre *éclairé*, ou raisonnable. L'amour propre *ignorant* est celuy par lequel nous nous aimons dans des biens qui ne sont pas de veritables biens, & qui n'en ont que l'apparence. Et l'amour propre *éclairé*, ou raisonnable, est celuy par lequel nous nous aimons dans des biens veritables. Cela posé, si tous nos amours estoient des modifications de l'amour propre *ignorant*, il seroit vray que nous n'aimerions rien hors de nous que par un amour propre interessé, qu'on appelle amour de *concupiscence*, qui consiste à chercher ses propres interests sans avoir égard à ceux des autres. Mais si nos amours sont des modifications de l'amour propre *éclairé*, ou raisonnable, nous pouvons aimer plusieurs choses hors de nous par un amour propre desinteressé, qu'on appelle amour *d'amitié*, qui consiste à chercher nos interests sans préjudicier à ceux des autres : Or la bonne Morale nous détache bien de l'amour propre *ignorant*, mais elle ne nous détache point de l'amour propre *éclairé* & raisonnable ; au contraire elle nous y unit autant qu'elle peut, par ses preceptes & par ses maximes.

CHAPITRE XXXVI.

Si l'Auteur explique mieux la liberté de Dieu, que la liberté humaine.

J'ay dit dans la Metaphysique, livre 1. part. 2.

part. 2. chap. 11. que la volonté de Dieu est souverainement indifferente ; & j'ay ajouté que nous sçavons que Dieu, bien qu'il soit indépendant de tous les estres créez, & qu'il ne puisse par consequent estre determiné à agir par aucune cause exterieure, ne laisse pas d'estre tres determiné à agir par luy-mesme, & par sa propre volonté.

1. On remarque une contradiction manifeste dans l'Auteur, qui commence par dire *que la volonté de Dieu est souverainement indifferente*; & finit en disant, *que l'indifference ou l'indétermination est un defaut qui ne peut compatir avec la nature d'un estre parfait tel que Dieu.*

Quand j'ay dit que la volonté de Dieu estoit souverainement indifferente, j'ay dit expressément qu'elle étoit telle, parce qu'elle ne peut estre déterminée à agir par aucune cause exterieure : Or il n'y a aucune contradiction à dire que la volonté de Dieu, qui ne peut estre déterminée à agir par aucune cause exterieure, soit tres déterminée à agir par elle-mesme.

2. Cette doctrine est dangereuse ; car si Dieu est tres determiné par luy-mesme & par sa propre nature à agir au dehors, en sorte qu'il ne puisse estre déterminé ny fléchy par nos prieres, notre Religion est vaine, & nos vœux & nos sacrifices sont inutiles. Or cette doctrine est dangereuse & impie.

E

De ce que Dieu est tres déterminé de luy-mesme à agir au dehors, il ne s'enfuit pas qu'il ne puisse estre fléchy, & que nos prieres soient inutiles; c'est au contraire par cela mesme qu'elles sont tres utiles & tres necessaires. Car comme Dieu est tres déterminé à nous faire prier, il est aussi tres déterminé à nous accorder ce que nous luy demandons, & à nous l'accorder en consequence de nos prieres : car il faut sçavoir que dans le mesme decret par lequel Dieu a resolu de nous accorder ce que nous luy demandons, il a renfermé nos prieres comme des moyens propres à nous faire obtenir les effets de sa bonté. Ainsi bien que la volonté de Dieu soit immuable dans toutes ses circonstances, nous ne laissons pas d'estre obligez de demander à Dieu ce qui nous est necessaire, parce qu'il veut bien l'accorder à nos vœux & à nos prieres. Cette doctrine n'est point dangereuse; & si elle paroist telle à M. du Hamel, ce n'est que parce qu'il croit que Dieu est fléchy par les prieres, comme les hommes sont fléchis en changeant de volonté : ce qui repugne à l'idée d'un estre parfait & immuable, tel que Dieu.

3. Que si Dieu est déterminé par sa propre nature à faire ce qu'il fait au dehors, il a esté déterminé & necessité à produire & à conserver !:

monde : ce qui repugne à la foy, qui enseigne que le monde a commencé.

Il est vray que si Dieu est déterminé par sa propre nature à faire tout ce qu'il fait au dehors, il a esté déterminé de toute eternité à produire le monde ; mais il ne s'ensuit pas delà que le monde soit eternel : car il faut sçavoir que par le mot d'*Eternel*, les vrais Philosophes entendent un estre qui n'a point de commencement, c'est à dire de principe, ny de cause efficiente, & qui a tout à la fois toutes les perfections qu'il est capable d'avoir. Or le monde n'est eternel en l'un ny en l'autre de ces sens. Il ne l'est pas au premier, parce que la raison & la foy nous enseignent également que le monde a commencé, & qu'il dépend de Dieu comme de sa cause efficiente. Il ne l'est pas non plus au second, parce que le monde reçoit successivement les perfections qu'il possede. Il a donc esté creé ; & neanmoins Dieu a esté tres déterminé de luy-mesme à le produire de toute eternité, ce qui n'enferme aucune contradiction. Cependant il y a une fort grande difference entre dire *que Dieu est tres déterminé* de luy-mesme à produire le monde, & dire qu'*il est necessité* à le produire. Le premier suppose une détermination, qui vient de la propre volonté de Dieu, & qui est par conséquent souverainement libre ; & le second suppose une détermination qui vient de quelque cause exterieure, & qui est par consequent privée de liberté, parce que la liberté procede toujours d'un principe intrinseque; d'où il s'ensuit que Dieu peut estre tres déterminé de luy-mesme à produire le monde, sans y estre necessité.

CHAPITRE XXXVII.

Si l'on recompense & si l'on punit les actions seulement pour exciter ceux qui les ont faites, à en faire ou à n'en pas faire de semblables.

J'ay tâché de prouver dans le second Livre, part. 2. chap. 20. que les punitions & les recompenses regardent directement l'avenir, & non pas le passé, & par consequent qu'on ne recompense & qu'on ne punit les actions, que pour exciter ceux qui les ont faites, ou ceux qui les ont apprises, à en faire, ou à n'en pas faire de semblables.

On soutient au contraire, que cette pretenduë maxime de morale est fausse, parce que si on ne recompensoit les actions que pour exciter ceux qui les ont faites à en faire de semblables, on ne recompenseroit point la derniere qu'un homme feroit en sa vie. Il est cependant faux que la perseverance finale demeure sans recompense.

De ce que j'ay dit à la fin du premier nombre, que les recompenses regardent directement les actions à venir, & qu'elles ne regardent qu'indirectement les actions passées, M. du Hamel a dû inferer que lors que j'ay dit dans le nomb. 2. qu'on ne recompense les actions que pour exciter ceux qui les ont faites, à en faire de semblables, j'ay entendu qu'on ne les recompense *directement*; ce qui est tres veritable: sans qu'il importe de dire, que selon ma maxime on ne recompenseroit jamais la derniere action d'un homme: car outre qu'on la recompensera *directement* pour exciter ceux qui l'ont vû faire, à en faire de semblables, on la recompensera encore *indirectement* pour elle mesme; ce qui suffit pour établir mon principe.

Mais d'ailleurs il s'ensuit de cette maxime, que les actions faites pendant la vie, & qui n'ont pas esté recompensées & punies avant la mort, ne devroient point après la mort estre recompensées ny punies; parce qu'après la mort il n'y a point de semblables actions à faire. Or il est certain que les actions faites pendant la vie qui n'auront pas esté recompensées ny punies avant la mort, le seront après: d'où il s'ensuit évidemment, que la maxime de l'Auteur repugne aux plus certains principes de la Morale.

Puisque les recompenses regardent *directement* les actions à venir, & *indirectement* les actions passées, rien n'empesche que les actions faites avant la mort ne soient recompensées aprés, tant parce qu'elles le meritent elles-mesmes *indirectement*, qu'à cause que ceux qui sont témoins des recompenses qu'on leur donne, peuvent estre excitez par là à faire des actions semblables à celles qu'ils voyent recompenser. C'est par cette raison qu'on dresse des statuës à la gloire de ceux qui sont morts pour la deffense de leur patrie, esperant que la veuë de ces recompenses en excitera d'autres à faire la mesme chose. Au reste, je parle icy des recompenses humaines, & non des recompenses divines, qui sont d'un ordre tout different: car, comme il est dit quelque part dans l'Ecriture, Dieu recompense ses propres dons : ce que les hommes ne font point.

En effet, si on examine la pretenduë analyse de l'Auteur, on en verra aisément le defaut. Il dit *que ce n'est pas, parce que celuy qui a fait les actions, en a pû faire de contraires, qu'on le recompense ou qu'on le punit; parce que cette puissance se trouve également dans tous les hommes qui agissent librement; & tous les hommes qui agissent librement, ne sont pas dignes de punition, ou de recompense.* Car on luy accorde que cette puissance se trouve également dans tous les hommes qui agissent librement : mais on luy nie que tous les hommes qui agissent librement, ne soient pas dignes de recompense ou de punition, suivant que leurs actions sont bonnes ou mauvaises; d'autant que pour meriter recompense ou punition, il suffit de faire le bien ou le mal avec choix & liberté.

M. du Hamel veut que tous les hommes qui agissent librement soient dignes de recompense, ou de punition, suivant que leurs actions sont bonnes, ou mauvaises: mais il est aisé de luy prouver le contraire, en faisant voir que les recompenses ne regardent pas precisément les actions libres des hommes entant que bonnes, mais entant que difficiles à faire. C'est pour cela, par exemple, que les Loix n'ont jamais ordonné des recompenses pour ceux qui vont à la chasse ou à la promenade, parce que leur propre plaisir les porte assez à ces sortes d'exercices; au lieu qu'elles en ont étably pour ceux qui vont à la guerre, parce que c'est une profession penible.

CHAPITRE XXXVIII.

De la difference qu'il y a entre un homme de bien, & un homme de merite.

Comme ce Chapitre n'est qu'une suite du precedent, la resolution de toutes les difficultez qu'il contient, dépend aussi des mesmes principes: c'est pourquoy nous ne nous y arresterons point.

CHAPITRE XXXIX.

Si les Cartesiens démontrent bien l'immortalité de l'ame.

Pour prouver que l'ame raisonnable ne peut estre détruite par aucune substance creée, j'ay dit dans le troisiéme Livre, chapitre 1. qu'il est de l'essence de toute substance d'exister indépendamment de toute autre substance creée.

Pour prouver que l'ame raisonnable ne peut estre détruite par aucune substance creée, notre Auteur dit *qu'il est de l'essence de toute substance d'exister indépendamment de toute autre substance creée* ; ce qui n'est pas veritable generalement ; car quoy qu'il soit de l'essence d'une substance creée d'exister indépendamment d'une autre substance comme de son sujet, il n'est pourtant pas de l'essence d'une substance d'exister indépendamment d'une autre substance comme de sa cause efficiente: parce que l'homme engendré est une substance, & cependant il n'existe pas indépendamment de celuy qui l'engendre comme de sa cause efficiente.

Non seulement il est de l'essence d'une substance creée d'exister indépendamment d'une autre substance creée, comme de son sujet, mais encore comme de sa cause efficiente. La raison de cela est, que suivant cette maxime commune de l'Ecole, *ex nihilo nihil fit*, les substances creées n'agisent pas sur le neant, mais sur quelque chose de réel, qui est le sujet de leur action. Il faut donc que M. du Hamel nous dise quel est le sujet réel sur lequel les substances creées agissent pour produire d'autres substances, ou qu'il avouë qu'il n'y a que Dieu, dont la puissance est infinie, qui puisse comme cause efficiente, produire des substances, *nullo præsupposito subjecto*. Et il ne serviroit de rien à M. du Hamel d'apporter l'exemple de l'homme engendré; car cet exemple est inutile, s'il n'a prouvé auparavant que l'homme engendré est une substance, & non pas un estre modal; ce qu'il n'a sceu faire encore, & qu'il ne fera jamais.

Je ne m'arreste point à répondre aux argumens que M. du Hamel rapporte au commencement de ce Chapitre, par lesquels M. Descartes a voulu prouver l'immortalité de l'ame : j'ay déja abandonné ces argumens dans le troisiéme Chapitre, art. 4. de la Réponse à la Censure de la Philosophie Cartesienne ; c'est pourquoy je me réduis à deffendre seulement celuy que j'ay proposé sur le mesme sujet, dans le troisiéme Livre de la Metaphysique, chap. 1.

CHAPITRE XL.

Si l'esprit creé aime essentiellement Dieu.

J'ay dit dans le Livre 3. chap. 3. nomb. 1. qu'il est impossible de concevoir qu'un esprit soit esprit, sans concevoir qu'il connoît Dieu, & qu'il se connoît soy-mesme. Je dis premierement, qu'il se connoît soy-mesme ; parce qu'il est également de l'essence de l'esprit & de se connoitre, & de s'appercevoir qu'il se connoit. Je dis secondement, qu'il connoit Dieu, parce qu'il connoit necessairement l'estre parfait, à cause que l'idée de cet estre precede en luy l'idée de tous les estres imparfaits considerez comme tels. Or par la mesme raison que l'esprit connoit Dieu, & qu'il se connoit soy-mesme necessairement, il a aussi pour soy-mesme & pour Dieu un amour necessaire ; car il n'est pas possible de concevoir que l'esprit puisse connoitre son estre sans l'aimer, ny qu'il puisse aimer son estre sans aimer Dieu, qui en est l'auteur.

On soutient au contraire, que l'amour actuel de Dieu n'est pas de l'essence de l'ame raisonnable, ny d'aucun esprit creé ; parce que nous connoissons certainement qu'il y a des temps pendant lesquels nous ne nous appliquons pas à aimer Dieu formellement, mais à aimer les choses exterieures & sensibles, & quelquefois à ne rien aimer.

M. du Hamel confond icy à son ordinaire l'ame avec l'esprit : cependant l'ame & l'esprit sont deux choses qui ont des proprietez fort differentes. Je ne m'arresteray pas à prouver, qu'il est de l'essence de l'esprit d'aimer Dieu ; car je l'ay déja prouvé dans le lieu cité : je tâcheray seulement de faire voir que l'ame aussi l'aime essentiellement ; dont la raison est, que l'ame aime toujours quelque bien, soit exterieur, soit interieur, & qu'elle ne peut aimer aucun bien sans aimer en mesme temps & par la mesme raison l'auteur de ce bien. Et il seroit inutile de dire, que l'ame s'applique quelquefois à ne rien aimer ; car, selon saint Augustin, cela ne peut estre, puis que l'ame s'aime toujours elle-mesme, quoy qu'elle semble l'ignorer, & qu'elle ne peut s'aimer elle-mesme sans aimer Dieu, qui est l'auteur de son estre. C'est en ce sens qu'un celebre Philosophe moderne * enseigne, *qu'il n'y a point de volonté qui n'ait un amour naturel & necessaire pour Dieu: que les justes & les impies, les bienheureux & les damnez, aiment Dieu de cet amour, lequel n'estant autre chose que l'inclination naturelle qui nous porte vers la source de tous les biens;*

----
* *L'Auteur de la recherche de la verité.*

tous les esprits aiment Dieu de cet amour par une espece de necessité naturelle, puis que tous les esprits, & les demons mesmes, desirent ardemment d'estre heureux & de posseder le souverain bien, & qu'ils le desirent sans choix, sans deliberation, sans liberté, & par la necessité de leur nature. Ce qui a trompé M. du Hamel est, qu'il n'a pas pris garde qu'outre cette maniere d'aimer Dieu, qui est commune à tous les esprits & à toutes les ames, il y a un autre amour qui se fait avec choix, & qui est propre aux esprits & aux ames qui aiment Dieu comme il veut estre aimé; sçavoir qui l'aiment non comme auteur des biens seulement apparens, mais comme auteur des biens veritables, ainsi que je l'ay expliqué dans le second Chapitre du premier Livre de la Morale.

En effet, si l'amour actuel & formel de Dieu estoit essentiel à l'ame raisonnable & aux autres esprits créez, il semble que l'ame raisonnable & les autres esprits créez seroient essentiellement impeccables, estant impossible de concevoir que celuy qui aime Dieu essentiellement & veritablement, puisse pecher, le peché n'estant qu'une haine ou aversion de Dieu, qui ne peut compatir avec l'amour. Or il est dangereux dans la foy de dire que l'ame raisonnable & les autres esprits créez soient essentiellement impeccables, & par consequent l'Auteur finit sa Metaphysique par une maxime qui est fausse.

Si l'amour actuel de Dieu qui se fait avec choix & deliberation, & qui consiste à aimer Dieu comme il veut estre aimé, sçavoir comme l'auteur des seuls vrais biens, estoit essentiel à l'ame & aux autres esprits, il sembleroit à la verité que l'ame & les autres esprits créez seroient essentiellement impeccables : mais rien n'empesche que l'amour actuel de Dieu, qui se fait sans choix & sans deliberation, ne soit essentiel à l'ame & aux autres esprits, sans toutefois que l'ame & les autres esprits soient impeccables. Car il ne suffit pas pour estre impeccable, d'aimer Dieu sans choix & sans deliberation, comme auteur de tous les biens tant apparens que veritables ; il faut de plus l'aimer d'un amour de choix, qui consiste à l'aimer comme auteur des seuls vrais biens; ce qui ne convient pas à toutes les ames, ny à tous les esprits créez : d'où il s'ensuit que toutes les ames & tous les esprits créez peuvent aimer essentiellement Dieu, & n'estre pas impeccables.

Fin de la premiere Partie.

REFLEXIONS SUR LE SYSTEME CARTESIEN DE LA PHYSIQUE DE Mr. REGIS.

SECONDE PARTIE.

CHAPITRE PREMIER.

De l'idée que l'on doit avoir de la quantité.

J'Ay dit dans le premier Chapitre de la Physique, que la quantité à proprement parler, n'est autre chose *que le corps mesme consideré comme tel, ou tel selon la grandeur* : Et j'ay ajouté que cette idée de la quantité estant aussi claire qu'elle l'est, il y avoit lieu de s'étonner qu'on fût si accoûtumé à la confondre avec le corps.

On soutient que l'Auteur tombe dans le defaut dont il accuse les autres, & que c'est confondre la quantité avec le corps, que de dire, comme il fait, que la quantité est le corps mesme. Or notre Auteur dans sa définition dit en propres termes: *Que la quantité est le corps mesme.* Et ce qu'il ajoute, *que la quantité est le corps mesme consideré comme tel, ou tel selon la grandeur*, n'est rien dire que ce qu'il a dit, puisque selon luy la quantité & la grandeur sont deux mots synonimes.

Bien loin de dire que les termes de *grandeur* & de *quantité* soient synonimes, j'ay prouvé au contraire qu'ils signifient des choses fort differentes. Voicy comment je parle de la grandeur & de la quantité dans le Chap. 1. nomb. 2. & 3. *Et parce que la connoissance & la nature des choses conduit necessairement à leurs proprietez essentielles; puisque nous appercevons que la grandeur est une suite necessaire de l'étenduë, nous sommes obligez de reconnoître qu'elle est aussi une proprieté essentielle du corps.* C'est ce que je dis dans le nombre 2. de la grandeur consideree en elle-mesme. Et voicy comment je parle de la quantité dans le nomb. 3. *Or si la grandeur consideree en elle-mesme est une proprieté essentielle du corps, la grandeur consideree comme telle ou telle, n'en peut estre qu'un accident, qu'on nomme quantité. Ainsi un champ, une vigne & une maison sont des quantitez, parce que ce sont des corps tels ou tels par rapport à la grandeur.* Aprés cela, je ne sçay par quelle raison M. du Hamel peut dire que je confonds le corps avec la quantité, puis que je prouve évidemment que la quantité n'est qu'un accident du corps qui consiste dans une certaine maniere de considerer le corps. Ainsi pour éviter les difficultez qui pourroient naistre en suite de l'équivoque des mots de *corps* & de *quantité*, je vais définir de nouveau ces deux termes. J'entendray donc par le mot de *corps*, *l'étenduë consideree en elle-mesme*, sans rapport à aucune grandeur particuliere; & j'entendray par le mot de *quantité*, non l'étenduë consideree en elle-mesme, mais l'étenduë consideree par rapport à quelque grandeur particuliere : ce qui fait voir qu'entre le corps & la quantité il n'y a qu'une distinction de raison, cóme je l'ay prouvé dans le nomb. 4.

CHAPITRE II.

Si la divisibilité est une proprieté du corps, comme elle l'est de la quantité.

J'ay dit encore dans le premier Chapitre, nomb. 7. que la divisibilité est une proprieté essentielle de la quantité, & non du corps; & pour le prouver, j'ay assuré que si le corps estoit divisible de sa nature, comme toute division apporte du changement au sujet divisé, quand on diviseroit

de M. du Hamel. Part. 2. 113
le corps, son essence seroit changée. Cependant nous voyons que quelque division que l'on suppose dans la quantité, l'essence du corps est toujours la mesme, & qu'on peut dire de chaque partie de la quantité aprés sa division, qu'elle a toute l'essence du corps : ce qui fait voir que dans toute division c'est la quantité qui est divisée, & non pas le corps consideré en luy-mesme.

Contre cette doctrine on soutient 1. que c'est une contradiction de dire *que l'essence du corps consiste dans l'étenduë actuelle*, & que cependant *le corps n'est pas divisible de sa nature*; car qui dit étenduë, dit des parties posées les unes hors des autres.

Il n'y a aucune contradiction à dire que le corps consiste dans l'étenduë actuelle, & qu'il n'est pas divisible de sa nature : car il n'est pas vray que qui dit simplement *étenduë*, dise des parties posées les unes hors des autres. La raison de cela est, que si l'étenduë avoit des parties posées les unes hors des autres, ces parties seroient *aliquotes, aliquantes, proportionnelles,* ou *integrantes*. Or elles ne sont rien de cela. Donc l'étenduë n'a pas de parties posées les unes hors des autres. 1. Elles ne sont pas aliquotes ; parce que les parties aliquotes estant reperées un certain nombre de fois, mesurent leur tout exactement ; &

il est évident que l'étenduë consideréc simplement comme étenduë, ne peut estre mesurée par aucune partie aliquote : l'étenduë n'a donc point de parties aliquotes posées les unes hors des autres. 2. Elles ne font pas aliquantes ; car les parties aliquantes estant repetées autant de fois qu'on voudra, n'égalent pas, ou excedent la grandeur du corps dont elles sont parties aliquantes : donc le corps qui a des parties aliquantes, a quelque grandeur déterminée, & par consequent il n'est pas simplement une étenduë, mais une quantité ; puisque la quantité n'est autre chose qu'une certaine étenduë. 3. Elles ne sont pas proportionnelles ; car les parties proportionnelles diminuent dans chaque division avec proportion, quoy que les parties de chaque division soient égales. Or il est impossible de prendre la moitié, le tiers, ou le quart d'un corps, ou d'une étenduë, sans supposer que cette étenduë a quelque grandeur, & par consequent sans supposer qu'elle est une quantité. 4. Elles ne sont pas integrantes ; car les parties integrantes supposent encore une étenduë d'une certaine grandeur, sans quoy elles ne seroient pas integrantes ; d'où il s'ensuit que toutes les parties en general, soit aliquotes, aliquantes, proportionnelles, ou integrantes, supposent non l'étenduë considerée simplement comme étenduë, mais l'étenduë confiderée comme ayant une certaine grandeur qu'on appelle *quantité*.

2. L'argument dont fe fert l'Auteur pour prouver que le corps n'eft pas divifible, eft un paralogifme, dont on fe peut fervir contre luy pour montrer que la quantité n'eft pas divifible de fa nature : car *fi la quantité eftoit divifible de fa nature*, luy dira-t-on, *comme toute divifion apporte du changement à la chofe divifée, quand on diviferoit la quantité, fon effence feroit divifée. Or eft-il que quelque divifion que l'on fuppofe, l'effence de la quantité eft toujours la mefme, & qu'aprés la divifion, on peut dire de chaque partie qu'elle a toute l'effence de la quantité.* Donc *dans toute divifion ce n'eft pas la quantité qui eft divifée*.

Pour répondre en forme à cet argument, j'accorde la majeure, & nie la mineure avec la confequence ; car il n'eft pas vray que quelque divifion que l'on fuppofe dans une quantité, l'effence de cette quantité foit la mefme aprés la divifion. En effet, fi je divife en deux moitiez une toife, qui eft une quantité, l'effence de cette quantité eft changée aprés la divifion ; car chaque moitié n'eft plus une toife, mais trois pieds feulement. Si je divife encore chacune de ces moitiez en deux autres moitiez, l'effence de chaque moitié fera changée, & chaque nouvelle moitié ne fera qu'un pied & demy, & ainfi du refte : ce qui fait voir que quelque divifion qu'on suppose, la raison generale de quantité subsiste toujours la mesme, mais que l'essence de chaque quantité en particulier ne laisse pas de changer aprés chaque division; ce qui ne peut convenir au corps consideré en luy-mesme, à cause que le corps consideré de cette façon est conçû sous l'idée la plus generale qu'il est possible.

Le defaut du raisonnement de l'Auteur consiste en ce qu'il passe de l'essence du corps à son integrité, & des parties essentielles aux parties integrantes : car de ce que l'essence du corps n'est pas divisible, il conclut que l'integrité du corps n'est pas divisible. c'est pourquoy s'il avoit sçû démesler l'essence d'avec l'integrité, les parties essentielles d'avec les parties integrantes du corps & de la quantité, il auroit dit que le corps & la quantité sont également indivisibles selon leurs parties essentielles, & que le corps & la quantité sont également divisibles selon leurs parties integrantes.

Je ne passe point de l'essence du corps à son integrité; & de ce que l'essence du corps n'est pas divisible, je ne conclus point que l'integrité du corps ne soit pas divisible : je dis au contraire avec M. du Hamel, que le corps & la quantité sont également indivisibles selon leurs parties essentielles, & que le corps & la quantité sont également divisibles selon leurs parties integrantes. Mais il ne s'ensuit pas delà que le corps consideré en luy-mesme soit divisible; il s'ensuit au contraire qu'il ne l'est pas, comme M. du Hamel le reconnoist luy-mesme, en avoüant que le corps est indivisible selon ses parties essentielles : car c'est tout ce que je pretends.

CHAPITRE III.

Si la quantité indéterminée est de l'essence des corps particuliers, & si la quantité déterminée en est un accident commun.

J'ay dit encore dans le premier Chapitre, nomb. 10. que la quantité indéterminée est essentielle aux corps particuliers, parce qu'il est impossible d'en concevoir aucun, sans imaginer qu'il a quelque quantité : mais que la quantité déterminée n'en est qu'un accident commun ; ce que j'ay tâché de prouver par l'exemple des animaux qui passent depuis leur naissance jusqu'a leur mort, par une infinité de degrez de quantité, bien que leur essence demeure toujours la mesme.

Contre cette doctrine on soutient 1. quil y a contradiction à dire *que la quantité indéterminée est de l'essence du corps indéterminé, & que cependant la quantité déterminée ne soit pas de l'essence, mais un accident commun du corps déterminé :* Car ce seroit une contradiction de dire que le raisonnable indeterminé est essentiel à l'homme indeterminé, & que cependant le raisonnable determiné n'est pas essentiel à l'homme determiné ; parce que c'est un axiome reçû, *ut se habet indeterminatum ad indeterminatum, ita determinatum ad determinatum.*

Je ne sçay pas pourquoy M. du Hamel met dans le corps du Chapitre le mot de corps *indeterminé* à la place de corps *particulier*, qui est au titre ; car il y a une fort grande différence entre un corps particulier, & un corps indeterminé : un corps particulier est un corps qui existe actuellement, & par consequent qui est singulier: & un corps indeterminé est un corps, qui n'existe que dans l'entendement qui le conçoit, & qui par consequent n'a rien que de commun & de general : d'où il s'ensuit que comme le general & l'indeterminé sont une mesme chose, le singulier & le déterminé sont aussi une mesme chose. Or cela posé, je dis qu'il n'y a aucune contradiction à dire d'un côté que la quantité indéterminée, qui est une quantité generale, soit de l'essence des corps particuliers, & d'assurer de l'autre que la quantité déterminée n'en est qu'un accident commun : car il est visible que tout corps qui existe actuellement, doit avoir quelque quantité en general, mais qu'il n'est pas necessaire qu'il en ait une telle ou telle : un bâton par exemple doit avoir quelque longueur, mais il n'est pas necessaire qu'il soit long precisément de trois ou de quatre pieds.

On soutient 2. que l'argument pris des plantes dont se sert l'Auteur, pour montrer que la quantité déterminée n'est qu'un accident commun des corps, est un pur sophisme, qui passe de l'essence à l'integrité ; car il est vray que les plantes & les animaux demeurent les mesmes quant à l'essence, mais non pas quant à l'integrité. Or en passant par une infinité de degrez de quantité, ils ne passent pas par une infinité de parties essentielles, mais de parties integrantes ; ce qui n'empesche point l'essence de la quantité déterminée de faire l'essence du corps determiné, & l'integrité de la quantité déterminée, à faire l'integrité du corps determiné.

M. du Hamel m'accorde dans ce second argument tout ce que je luy demande. Il m'accorde que les plantes & les animaux demeurent les mesmes depuis leur naissance jusqu'à leur mort, selon leur essence, mais non pas selon leur integrité ; & je n'en veux pas davantage. En quoy differons-nous donc ? C'est en ce que M. du Hamel tire une consequence toute opposée au principe qu'il vient d'accorder. Ce principe est, que les plantes demeurent toujours les mesmes quant à leur essence, mais non pas quant à leur integrité ou quantité déterminée ; & la consequence est, que cela n'empesche pas que la quantité déterminée ne soit de l'essence des plantes, ce qui repugne manifestement ; car il est impossible que la quantité déterminée qui change toujours, selon M. du Hamel, soit de l'essence des plantes, qui est toujours la mesme, selon le mesme M. du Hamel.

Et en effet, si la quantité déterminée estoit veritablement un accident commun des corps particuliers, le mesme corps indivisiblement pourroit augmenter & diminuer en quantité, sans augmenter & diminuer en substance. Or il est impossible selon notre Auteur, qu'un corps augmente ou diminué en quantité par raréfaction ou condensation, à moins qu'il n'augmente ou diminué en substance étrangere.

La solution de cet argument dépend de ce que M. du Hamel veut entendre par le mot de *substance*. Si par ce mot il entend *la raison generale d'exister*, qui est commune au corps & à l'esprit ; un corps peut augmenter ou diminuer, sans augmenter ou diminuer en substance ; parce que la substance prise en ce sens n'est susceptible ny de plus, ny de moins : Et si par ce mot de *substance* il entend l'essence de chaque corps particulier, il est encore vray par la mesme raison que chaque corps particulier peut augmenter ou diminuer, sans augmenter ou diminuer en substance. Que si au contraire par le mot de *substance*, il entend la quantité, il est vray qu'un corps ne peut augmenter ou diminuer sans augmenter ou diminuer en substance ; parce qu'alors la substance & la quantité sont une mesme chose,

chose. C'est en ce dernier sens que j'ay pris le mot de *substance*, s'il est vray que j'aye dit quelque part, *qu'il est impossible qu'un corps augmente ou diminuë en quantité par condensation ou par rarefaction, à moins qu'il n'augmente ou ne diminuë en substance étrangere*; mais je ne crois pas avoir jamais avancé cela. J'ay dit seulement dans le cinquiéme Chapitre de la Physique, nomb. 2. *qu'un corps ne peut paroître sous une plus grande quantité, s'il n'a acquis quelque nouvelle matiere imperceptible*; ce qui est tout different : car par matiere imperceptible, je n'entens pas une substance, c'est à dire *une chose qui a la proprieté d'exister en elle-mesme*, mais une quantité, c'est à dire *une chose qui a quelque grandeur déterminée, ou indéterminée*.

Notre Auteur en disant que l'étenduë déterminée est un accident commun des corps particuliers, a voulu répondre aux objections des Theologiens, qui pretendent que la doctrine de M. Descartes, en ce qu'il enseigne que l'essence du corps consiste dans l'étenduë actuelle, ne peut s'accorder avec ce que l'Eglise enseigne sur le mystere de l'Eucharistie : mais il ne donne que des paroles, *bona verba*.

Je ne sçay pourquoy M. du Hamel me fait disputer avec les Theologiens touchant le saint Sacrement de l'Eucharistie je le défie de trouver dans tout mon Systeme

E

un seul mot qui regarde l'explication de ce myſtere. Cependant il propoſe à la fin de ce Chapitre une longue ſuitte d'objections & de réponſes, comme ſi elles venoient des Theologiens & de moy. Les Theologiens avoüeront, s'ils veulent, les objections qu'il leur fait faire, pour moy je deſavoüe abſolument les réponſes qu'il m'attribuë, comme peu conformes, ou comme tout à fait contraires à mes principes.

CHAPITRE IV.

Si le Vuide des Philoſophes eſt impoſſible.

Je dis dans le Chapitre 3. de la Phyſique, nomb. 1. que pour peu qu'on faſſe de reflexion ſur la nature de la matiere, on en pourra déduire que le vuide des Philoſophes eſt impoſſible : car par le vuide ils entendent *un eſpace ſans matiere*, & il vient d'eſtre prouvé que l'eſpace, l'étenduë, & la matiere pris abſolument, ſont réellement une meſme choſe ; de ſorte que demander s'il y a un eſpace ſans matiere, c'eſt la meſme choſe que demander, s'il y a une matiere qui ne ſoit pas matiere.

Aprés avoir obſervé que l'Auteur avant ce Chapitre 3. n'a pas dit un ſeul mot de l'eſpace, & que neanmoins il ſuppoſe icy avoir prouvé que l'eſpace & le corps ne sont qu'une mesme chose ; on soutient que le vuide des Philosophes est absolument possible : car s'il n'y avoit aucun corps entre le ciel & la terre, le ciel & la terre seroient vuides, à moins que les Cartesiens ne disent qu'alors le ciel & la terre se toucheroient : Or il se peut absolument faire qu'il n'y ait aucun corps entre le ciel & la terre, sans que pour cela le ciel & la terre se touchent effectivement.

Il se peut faire que je n'ay rien dit de l'espace avant ce troisiéme Chapitre, & que neanmoins je suppose icy que l'espace & le corps sont une mesme chose. La raison de cette supposition est, que l'idée de l'espace est tellement renfermée dans celle de l'étenduë, & l'idée de l'étenduë dans celle du corps, qu'il est impossible de distinguer l'espace & le corps autrement que par la pensée, en considerant l'espace d'une veuë generale, & le corps d'une veuë particuliere. Quant à ce que M. du Hamel dit, que s'il n'y avoit aucun corps entre le ciel & la terre, le ciel & la terre seroient vuides, les Cartesiens soutiennent qu'il est impossible de concevoir ce pretendu vuide qui seroit entre le ciel & la terre ; dont la raison est que dans cette hypothese, il faudroit necessairement que le ciel & la terre se touchassent, ou qu'ils fussent éloignez. S'ils se touchoient, ils ne seroient pas vuides ; & s'ils estoient éloignez, il y auroit de l'espace entr'eux. Or s'il y avoit de l'espace il y auroit de l'étenduë ; s'il y avoit de l'étenduë, il y auroit quelque corps ; & s'il y avoit quelque corps, ils ne seroient pas vuides, comme M. du Hamel le pretend.

Premierement, il est absolument possible qu'il n'y ait aucun corps entre le ciel & la terre, parce que Dieu peut absolument détruire les corps qui sont presentement entre le ciel & la terre, les ayant produits & les conservant librement, comme nous supposons demontré en Metaphysique.

M. du Hamel suppose comme une chose demontrée en metaphysique, que Dieu peut détruire les corps qui sont presentement entre le ciel & la terre, parce qu'il les a produits, & qu'il les conserve librement ; & j'ay prouvé au contraire dans les cinquiémes Reflexions metaphysiques, nomb. 4. & 5. que Dieu en produisant les substances agit immediatement par sa volonté, & que sa volonté est immuable ; d'où il s'ensuit que l'esprit & le corps sont deux substances indefectibles, non de leur propre nature ; car il a esté prouvé dans le Chapitre 12. qu'ils n'ont d'eux-mesmes aucune puissance pour se conserver, mais parce que Dieu, qui les a produits & qui les conserve, agit par une volonté immuable ; ce qui fait que demander si l'esprit & le corps sont défectibles, c'est la mesme chose que demander si la volonté de Dieu, qui est immuable, peut recevoir du changement. C'est pourquoy nous accordons bien que Dieu peut détruire l'air & tous les autres corps qui sont entre le ciel & la terre, quant à la forme ; parce que la forme de ces corps n'est qu'une simple modification ; mais nous ne concevons pas qu'il les puisse détruire quant à leur matiere, c'est à dire, quant à l'extension, parce que l'extension est une veritable substance, & que les substances sont indefectibles. Et il n'importe de dire que Dieu produit & conserve ces corps librement; car cela n'empesche pas que Dieu ne les produise & ne les conserve par une volonté qui est immuable : car il a esté prouvé dans la Metaphysique, part. 2. chap. 11. & dans cette Réponse chap. 36. qu'il y a cette difference entre la liberté de Dieu & celle de l'homme, que la liberté de l'homme suppose une volonté changeante, & que la liberté de Dieu suppose une volonté immuable.

En second lieu, le ciel & la terre ne se toucheroient pas necessairement dans cette hypothese; car on ne peut pas dire que deux corps se touchent veritablement & effectivement, lors qu'on peut mettre entre eux sans les déplacer, un troisiéme corps. Or entre le ciel & la terre Dieu pourroit mettre un troisiéme corps sans les déplacer ; car Dieu pourroit reproduire l'air qu'il y a cy-devant détruit ; & par consequent le ciel & la terre ne se toucheroient pas veritablement & effectivement : d'où il s'ensuit que Dieu peut absolument procurer le vuide.

Il est vray qu'on ne peut pas dire que deux corps se touchent effectivement, lors qu'on peut mettre entr'eux sans les déplacer, un troisiéme corps : mais il n'est pas vray dans l'hypothese de M. du Hamel, que Dieu pourroit mettre entre le ciel & la terre un troisiéme corps ; car il faut remarquer que dans cette hypothese, le ciel & la terre n'ont point d'entre-deux. Mais quand mesme ils en auroient, cela renverseroit encore l'opinion de M. du Hamel ; car que veut dire *mettre un troisiéme corps entre le ciel & la terre sans les déplacer*, sinon *mettre entre le ciel & la terre un corps, dont l'étenduë soit justement égale à l'espace qui est entre le ciel & la terre.* Or cela suppose qu'il y a de l'espace entre le ciel & la terre : mais s'il y a de l'espace, il y a de l'étenduë ; & s'il y a de l'étenduë, il y a des corps. Donc Dieu ne peut absolument procurer le vuide, parce que le vuide repugne absolument. Que M. du Hamel feigne autant qu'il voudra que Dieu a détruit l'air qui est entre le ciel & la terre sans mettre aucun autre corps en sa place, il concevra toujours entre le ciel & la terre un espace, & par consequent de l'étenduë,

& quelque corps ; si ce n'est qu'il pretende que l'espace differe de l'étenduë autrement que par la pensée ; ce qu'il est impossible de démontrer, comme je l'ay fait voir dans la Physique, chap. 4.

En effet, quand les Cartesiens disent que Dieu ne peut pas faire un espace sans corps qui le remplisse, ou par *espace*, ils entendent le lieu interieur, ou le lieu exterieur des corps. S'ils entendent le lieu interieur, lequel chez eux n'est pas distingué du corps mesme ; en ce sens on leur passe que Dieu ne puisse pas faire absolument un lieu sans corps : mais s'ils entendent le lieu exterieur, on soutient que Dieu peut absolument vuider ce lieu de tout corps : car afin que Dieu puisse vuider absolument le lieu exterieur, c'est assez qu'il puisse détruire tous les corps qui le remplissoient, & tous les lieux interieurs de ces corps. Or il est clair que Dieu peut absolument détruire les corps, & qu'en détruisant les corps il détruit leur lieu interieur ; & par consequent Dieu peut faire absolument du vuide, si par vuide on entend le lieu exterieur, sans aucun autre corps qui le remplisse.

Lors que les Cartesiens disent que Dieu ne peut faire un espace sans un corps qui le remplisse, ils n'entendent pas parler du lieu exterieur, mais du lieu interieur : c'est pourquoy M. du Hamel ne leur fait aucune grace de passer qu'en ce sens Dieu ne pût faire absolument un lieu interieur sans un corps qui le remplisse, puisque le lieu interieur & le corps qui le remplit, sont réellement une mesme chose. Et quant au lieu exterieur, les Cartesiens ne l'ont jamais pris pour un espace, mais pour la premiere superficie du corps qui environne un espace. C'est pourquoy, comme la superficie d'un corps qui environne un espace, suppose necessairement l'espace qui est environnée, il est aussi impossible à Dieu de faire un lieu exterieur, sans un espace qui soit dans ce lieu, qu'il luy est impossible de faire un lieu interieur sans un corps, qui remplisse ce lieu. Et il n'importe de dire qu'afin que Dieu puisse vuider un lieu exterieur, c'est assez qu'il puisse détruire tous les corps qui le remplissent, & tous les lieux interieurs de ces corps : car il a esté prouvé qu'il repugne également, & que Dieu détruise les corps & leurs lieux interieurs, & qu'il vuide absolument les lieux exterieurs.

C'est pourquoy s'il y avoit du vuide au regard du lieu exterieur ; par exemple, du ciel & de la terre, alors il n'y auroit rien du tout entre le ciel & la terre, ny corps, ny esprit, ny étenduë. Et quand les Cartesiens disent que dans cette hypothese, ils conçoivent un espace & une etenduë longue, large & profonde entre le ciel & la terre, on leur répond que c'est une imagination ou fiction de leur esprit, & que la consequence ne vaut rien *ab esse imaginario & ficto, ad esse reale & verum.*

S'il y avoit du vuide au regard du lieu exterieur, par exemple du ciel & de la terre, il est certain qu'il n'y auroit aucun corps ny aucune étenduë entre le ciel & la terre : mais quand les Cartesiens disent que dans cette hypothese ils conçoivent un espace & une étenduë large & profonde entre le ciel & la terre, ce n'est pas lever leur difficulté que de répondre que c'est une imagination ou fiction de leur esprit : car ils repliqueront que leur conception a une realité objective, & que cette realité dépend absolument de l'étenduë qui est conceuë, & non pas de leur esprit ; car il ne dépend pas de nous de faire que nos idées representent certaines choses plûtost que d'autres : il ne dépend pas de nous par exemple, de faire que l'idée d'un triangle nous represente un quarré, ou que l'idée du Soleil nous represente la terre : il dépend seulement de nous, lors que nous avons des idées qui sont venuës des objets comme de leurs causes exemplaires, de les combiner comme il nous plaist, en leur faisant representer ce que nous voulons, par cette maniere qu'on appelle dans la Logique, *accommodation*. Or l'accommodation n'a point de lieu à l'égard des idées simples & primitives, telle qu'est l'idée de l'esprit, ou de l'étenduë, mais seulement à l'égard des idées qu'on appelle *artificielles* ; parce que l'esprit les forme des idées primitives. C'est aussi seulement à l'égard de ces dernieres idées que se verifie cette maxime, *que la consequence ne vaut pas ab esse imaginario & ficto, ad esse verum & reale* : car elle ne peut s'entendre des idées primitives, sur tout de l'idée de l'espace ou de l'étenduë; parce que cette idée represente une substance, & que toute substance est incorruptible : d'où il s'ensuit que l'étenduë, dont nous avons l'idée, est toujours actuellement existante. Voyez la Metaphysique, part. 1. chap. 8. 9. 10.

Au reste, Epicure & Lucrece, & les autres, admettent un lieu interieur veritablement distingué des corps, en ce que le lieu interieur est une étenduë qui n'est ny solide, ny mobile, & que les corps sont solides & mobiles : Et dans cette hypothese il n'y a rien de plus aisé que de soutenir la possibilité du vuide ; car cet espace estant réellement distingué du corps, en peut estre separé.

Je demeure d'accord que si le lieu interieur estoit réellement distingué du corps, il en pourroit estre separé : mais la question est de prouver qu'il en est distingué ; ce qu'Epicure ny les autres n'ont encore sceu faire, & ce qu'ils ne feront jamais, parce que l'idée du lieu interieur renferme essentiellement toutes les proprietez du corps : car par exemple, il est également de l'essence du corps & du lieu interieur, d'avoir quelque quantité : le corps & le lieu interieur sont aussi également impenetrables; car si ayant divisé un lieu interieur en deux parties égales, je joins en suite ces deux parties, elles feront un lieu interieur total double du lieu interieur que faisoit chaque partie; par la mesme raison que deux moitiez d'un corps estant jointes ensemble, font un corps double de chaque moitié. Or c'est ce qui fait toute la nature de l'impenetrabilité & de la solidité. Ainsi c'est sans raison que les Epicuriens distinguent le lieu interieur du corps, puisque le lieu interieur & le corps qui l'occupe, ont les mesmes proprietez essentielles, & par consequent la mesme nature.

De mesme ceux qui disent que le premier lieu de toutes choses est l'immensité de Dieu, ne trouvent aucune difficulté à admettre le vuide; parce que comme l'immensité de Dieu est eternelle & infinie, & que les corps n'ont esté produits que depuis un certain temps, & qu'ils ne sont pas infinis, il est aisé à concevoir que ce lieu a esté vuide pendant l'eternité *à parte ante*, & qu'il y reste au delà de tous les corps un espace infiny, qui est encore vuide.

Il n'y a rien de plus opposé à l'idée que nous avons de Dieu, comme d'un estre parfait, & d'une substance qui pense parfaitement, tel que nous le devons concevoir, que de dire que son immensité est le premier lieu de tous les corps. Car comme l'immensité de Dieu ne differe pas de Dieu,

& qu'elle n'est autre chose, selon S. Thomas, que Dieu mesme, entant qu'il agit en tout & par tout ; dire que l'immensité de Dieu est le lieu de tous les corps, c'est assurer que Dieu luy-mesme est un corps, qui par sa surface environne tous les corps ; ce qui est absurde : sans qu'il serve de rien de dire, que l'étenduë de l'immensité de Dieu n'est pas réelle, mais virtuelle ; car j'ay déja prouvé dans le Chapitre 25. de cette Réponse, part. 1. que l'idée d'une étenduë virtuelle est purement chimerique. Qu'on ne dise donc pas que l'immensité de Dieu est le premier lieu des corps, & que ce lieu a esté vuide pendant l'eternité *à parte ante*; car comme l'immensité de Dieu n'est point corporelle, il repugne qu'elle soit ny pleine ny vuide.

Mais indépendamment de ces deux sentimens sur la nature du lieu interieur, on peut soutenir que le lieu exterieur, qui est la surface du corps qui environne immediatement, peut estre vuide par la seule negation ou annihilation des corps qui le remplissoient, sans qu'il soit necessaire de concevoir aucun estre positif, aucune étenduë positive, qui remplisse ce lieu.

Aprés que M. du Hamel a fait valoir autant qu'il a pû les opinions des Epicuriens & des autres Philosophes, il revient enfin à la sienne, & soutient que le lieu exterieur peut estre vuide par la seule negation,

ou annihilation des corps qui le rempliſſoient. Mais on luy demandera comment
il conçoit un lieu interieur, qui ſelon luy
eſt une ſurface premiere environnante, ſans
concevoir que ce lieu ſoit remply de quelque choſe d'étendu qui ſoit environné.
S'il dit que le lieu exterieur eſt à la verité
remply, non d'une étenduë réelle & poſiti-
ve, mais d'une étenduë virtuelle, ou negative; on luy répond 1. qu'il n'eſt pas remply d'une étenduë virtuelle; parce qu'il a
eſté prouvé cy-devant, que l'idée de cette
étenduë eſtoit chimerique. 2. qu'il n'eſt
pas remply d'une étenduë negative, parce
qu'une étenduë negative ne differe pas du
neant, & que le neant qui n'a aucune proprieté, ne peut remplir un lieu, comme il
a eſté prouvé dans la Réponſe à la Cenſure
de la Philoſophie Carteſienne, chap. 5.
art. 3. lett. *c* & *d*.

Et en effet, il n'y a point de liaiſon neceſſaire
entre un corps qui ſert de lieu exterieur, & entre
les autres qui ſont placez dedans; d'autant que le
lieu exterieur eſt diſtingué réellement des corps
qui le rempliſſoient, de l'aveu des Carteſiens
meſmes.

J'avouë qu'il n'y a point de liaiſon neceſſaire entre un corps qui ſert de lieu exterieur, & les autres corps qui ſont placez
dedans, ſi par liaiſon neceſſaire on entend

que l'existence des uns dépende de celle des autres ; car il est certain que les corps environnans & les corps environnez, peuvent exister les uns sans les autres : Mais je soutiens que la disposition que doit avoir un corps environnant pour servir de lieu exterieur aux autres corps, qui sont placez dedans, est dépendante des corps environnez, c'est à dire, des corps qui sont dans ce lieu ; ce qui se prouve par la mesme raison par laquelle j'ay fait voir dans la Physique, chap. 3. nomb. 2. que bien que l'existence des murailles considerées en elles-mesmes, soit independante de l'air qu'elles renferment, neanmoins la disposition qu'elles doivent avoir pour composer une chambre, est necessairement dépendante de l'espace qui est entr'elles. Au reste, les Cartesiens n'ont jamais avoüé, quoy qu'en dise M. du Hamel, que le lieu exterieur soit réellement distingué des corps qui le remplissent : ils sçavent trop bien que la distinction réelle ne se trouve qu'entre les choses qui peuvent exister separément les unes des autres, pour l'attribuer au lieu exterieur & aux corps qui le remplissent; car il vient d'estre prouvé que ce lieu ne peut exister que dépendamment de ces corps. Ce qui a trompé M. du Hamel est qu'il a confondu le corps environnant consideré en luy-mesme, avec la surface premiere par laquelle il environne; ce qui est fort different : car le corps environnant est une substance, & la surface par laquelle il environne, n'est qu'un mode : d'où il s'ensuit que la distinction qui se trouve entre le lieu exterieur & les corps qui sont placez dedans, n'est tout au plus que modale, ou formelle.

CHAPITRE V.

Si le monde est immense.

J'Ay dit dans le Chap. 5. de la Physique, nomb. 1. que la troisiéme consequence qu'on peut tirer de la notion de la matiere & de la quantité est, que le monde est immense, c'est à dire tel qu'il est impossible de concevoir qu'il ait des termes. En effet à quelque distance de nous que nous puissions mettre les bornes du monde, nous imaginons toûjours au delà quelque espace ; ce qui fait voir que le monde s'étend au delà des bornes que nous avons voulu luy prescrire.

On soûtient que cette pretenduë immensité du monde est une suite de la pure imagination & fiction des Cartesiens, parce que les Cartesiens n'apportent point d'autre raison de cette pretenduë immensité, si ce n'est qu'*à quelque distance de nous que nous puissions mettre les bornes du monde, nous imaginons toujours au delà quelque espace*: ce sont les propres termes de l'Auteur. Or ce n'est point l'imagination ou la fiction des Cartesiens qui doit rendre ce monde immense réellement & veritablement ; puisque la consequence n'est pas bonne *ab esse imaginario & ficto, ad esse reale & verum*; & par consequent le monde n'est pas immense en soy.

Quoy que les Cartesiens n'apportent d'autre raison de l'immensité du monde, si ce n'est qu'*à quelque distance de nous que nous puissions mettre ses bornes, &c.* L'immensité du monde n'est pas pourtant une suite de leur pure imagination, mais elle est un veritable effet de ce que l'étenduë du monde est si vaste, que notre esprit n'y peut prescrire des bornes. Pour s'en convaincre, il faut remarquer encore qu'il y a deux sortes d'idées, comme il a esté déja dit dans le Chapitre precedent. Il y a des idées naturelles, & des idées artificielles. Les idées naturelles sont celles qui ne dépendent pas de notre volonté, mais de ce que les objets agissent sur les organes bien disposez : telles sont les idées que nous avons des objets qui se presentent à nos yeux, ou qui s'y estant une fois presentez reviennent dans l'esprit par la force de l'imagination. C'est ainsi que nous avons les idées des choses que nous voyons, & dont nous nous ressouvenons. Les idées artificielles sont celles que nous formons volontairement du mélange de quelques idées naturelles. C'est ainsi que nous formons les idées d'une Syrenne, d'un Centaure, & en général de toutes les chimeres ou estres de raison. Il y a donc cette difference entre les idées naturelles & les idées artificielles, que celles-cy dépendent de la volonté, & que les autres n'en dépendent pas. Par exemple, il ne dépend pas de nous de voir ou de ne pas voir le Soleil, lors qu'il frappe nos yeux ; il ne dépend pas non plus de nous, quand notre imagination est échauffée, de penser ou de ne pas penser à ce que nous avons déja veu: mais il dépend toujours de nous de former ou de ne pas former l'idée d'une Syrenne, d'un Centaure &c. D'où il s'ensuit que les idées artificielles sont proprement des fictions de l'esprit, qui forme ces idées comme il veut indépendemment des objets ; au lieu que les idées naturelles sont de vrayes idées, & par consequent des idées qui supposent necessairement des objets. Cela posé, j'accorde à M. du Hamel que si l'idée qu'il a de l'immensité du monde, est une idée artificielle, il a raison de dire que la consequence n'est pas bonne, *ab esse imaginario & ficto, ad esse reale.* Mais aussi si cette idée est naturelle, il doit reconnoître que cette consequence est exacte ; *Je ne puis pas mettre des bornes* au monde, donc le monde est immense. Il s'agit donc de sçavoir si cette idée est naturelle ou artificielle. Pour le découvrir, voyons si nous la pouvons former ou détruire, quand nous voulons : si nous le pouvons, elle est artificielle ; & si nous ne le pouvons pas, elle est naturelle. Or je défie M. du Hamel de dire, s'il veut parler sincerement, qu'il soit en son pouvoir, quand il a mis des bornes au monde, de ne pas imaginer de l'étenduë au delà de ces bornes : d'où il faut conclure que l'idée qu'il a de l'immensité du monde est naturelle, & par consequent veritable. Il est si necessaire de distinguer les idées naturelles des idées artificielles, & de ne verifier cet axiome, *Ab esse imaginario & ficto, consequentia non valet ad esse reale & verum*, que des idées artificielles. que sans cela il seroit impossible de s'assurer d'aucune chose exterieure ; parce que nous ne pouvons connoître les choses qui sont hors de nous, que par les idées qui sont en nous.

Et en effet si le monde estoit immense en soy, cette immensité seroit, ou tellement necessaire que Dieu ne la pût pas changer, ou seroit libre & contingente, en sorte que Dieu la pût changer. On ne peut pas dire que l'immensité du monde soit tellement necessaire que Dieu ne la puisse changer, parce qu'il a produit & conserve librement le monde & tous les corps qui le composent. On ne peut pas non plus dire que cette immensité est libre &

de M. du Hamel. Part. 2. 139
contingente; autrement il faudroit dire que Dieu auroit revelé aux Cartesiens qu'il n'a pas voulu faire le monde sans cette immensité; & par consequent c'est sans raison que les Cartesiens assurent que le monde est immense.

Cette objection convient si peu à l'immensité du monde en particulier, qu'on la peut faire également contre toutes les choses que Dieu a produites immediatement. Par exemple, voicy comment on pourroit rejetter la matiere. *S'il y avoit de la matiere, ou elle seroit tellement necessaire que Dieu ne la pourroit changer, ou elle seroit libre & contingente, en sorte que Dieu la pourroit détruire. Or on ne peut pas dire que la matiere soit tellement necessaire que Dieu ne la puisse changer,* parce que Dieu a produit & conserve librement le monde. *On ne peut pas dire non plus que la matiere est libre & contingente,* autrement il faudroit dire que Dieu a revelé aux Philosophes qu'il n'a pas voulu faire le monde sans la matiere: *donc il n'y a point de matiere dans le monde*; & ainsi du reste. Mais sans nous arrester à cela venons au fait, & disons 1. que le monde est immense, & que son immensité est tellement necessaire d'une necessité hypotetique, que Dieu ne la peut changer: non qu'elle soit d'elle-mesme incapable de changement; mais parce que l'action par laquelle Dieu l'a produite, & la conserve, est immuable. Disons 2. que quoy que l'immensité du monde soit necessaire d'une necessité hypotetique, & que Dieu ne la puisse changer, à cause qu'il est immuable, cela n'empesche pas neanmoins qu'elle ne soit libre & contingente à l'égard de Dieu : car M. du Hamel se doit souvenir que nous avons tâché de prouver dans la Metaphysique, livre 2. 2. part. chap. 11. & dans le 26. chap. de cette Réponse, que Dieu ne laisse pas d'agir tres librement, bien qu'il soit tres determiné à agir par sa propre nature. Je ne sçais aussi pourquoy M. du Hamel dit que si l'immensité du monde estoit contingente, il faudroit dire que Dieu auroit revelé aux Cartesiens qu'il n'a pas voulu faire le monde sans cette immensité : car pourquoy demande-t-il une revelation positive de l'immensité du monde, puis qu'il y en a une naturelle, qui est la raison, laquelle enseigne non seulement aux Cartesiens, mais encore à tous les hommes, que le monde est immense, parce qu'il ne peut estre conçû que comme tel ?

On peut ajouter que si le monde estoit immense parce que les Cartesiens au delà de toutes les bornes déterminées, imaginent un espace, il faudroit dire que le monde est eternel ; parce qu'au delà de toutes les bornes déterminées, ils peuvent imaginer un temps, ou une durée. Or la foy nous enseigne, que le monde n'est pas de toute eternité, quoy qu'il y ait un temps imaginaire avant le temps veritable; & par consequent le monde n'est pas immense, quoy qu'au delà de toutes les bornes déterminées il y ait un espace imaginaire.

Il y a cette difference entre l'immensité & entre l'eternité du monde, que l'idée de l'immensité du monde est naturelle, n'estant pas au pouvoir de la volonté de faire que quand nous avons mis des bornes au monde, nous ne concevions pas de l'étenduë au delà de ces bornes; & que l'idée de l'eternité du monde est purement artificielle, à cause qu'ayant fixé les bornes du temps à la creation du monde que la foy nous enseigne, rien ne nous oblige de concevoir du temps au delà; d'où vient que si nous en concevons, ce temps n'est qu'une pure imagination ou fiction de l'esprit. Si M. du Hamel avoit fait quelque reflexion sur le Chapitre 3. de la Metaphysique, livre 2. part. 1. il auroit veu que je m'y estois fait la mesme objection. Voicy cette objection, & la réponse. *Si l'on objecte que l'ame peut repeter si souvent l'idée d'un jour, qu'elle étendra l'idée qu'elle a de la durée du temps, au delà de l'existence mesme du mouvement du Soleil, de sorte qu'elle aura une idée aussi claire des 763. ans de la periode Julienne,* qui ont precedé la creation du monde, que des 763. qui se sont écoulez depuis: Je répondray qu'il est vray que l'ame pourra connoître les 763. années, qui ont precedé la creation du monde; comme elle connoît les 763. qui l'ont suivie; mais que ce sera de telle sorte, qu'elle se representera les premieres par la mesme idée qui a servy à luy faire connoître les dernieres. D'où il s'ensuit qu'il n'est pas vray de dire que ces deux idées seront également vrayes, puis que ce ne seront pas deux idées, mais une seule, laquelle represente naturellement & par elle-mesme, les 763. années qui ont suivy la creation du monde, & qui ne represente qu'artificiellement, ou par accommodation, les 763. années qui l'ont precedée. Il y a donc cette difference entre l'eternité du monde & entre son immensité, que celle-cy se déduit necessairement de ce que quelques bornes qu'on ait mises au monde, on est obligé de concevoir de l'étenduë au delà; au lieu qu'ayant mis des bornes au temps, on n'est pas obligé de concevoir du temps au delà de ces bornes.

CHAPITRE VI.
Si le lieu interieur est le corps qui occupe ce lieu.

Je dis dans le quatriéme Chapitre de la

Physique que le lieu interieur d'un corps, ou l'espace occupé par ce corps, consiste dans le corps mesme consideré comme borné par d'autres corps qui le touchent immediatement. J'ajoute à cela que quand l'eau sort d'un vase, elle emporte avec soy son lieu interieur, c'est à dire tout l'espace qui estoit compris entre les bords de ce vase; & que quand le vin y entre, pour prendre la place de l'eau qui sort, il y apporte avec soy son lieu interieur, ce qui se fait de sorte que le vin entre en mesme temps que l'eau sort, si bien qu'il est impossible d'assigner un instant dans lequel l'eau soit sortie avant que le vin soit entré; d'où il s'ensuit qu'il n'y a dans ce vase aucun espace qui soit vuide.

On soûtient que si l'espace, ou lieu interieur, n'est pas distingué réellement du corps qui entre & qui sort dans le lieu; comme Dieu peut détruire absolument les corps qui sortent & qui entrent, il peut absolument détruire le lieu interieur. Or cette hypothese est absolument contraire à l'opinion des Cartesiens, touchant l'impossibilité du vuide, & touchant l'immensité du monde: car si Dieu avoit détruit le lieu interieur des corps qui sont entre le ciel & la terre, il est constant qu'il n'y auroit rien entre le ciel & la terre qui fût capable de les remplir: si Dieu avoit détruit l'espace ou le lieu interieur des corps qui sont au delà du terme que nous assignons pour bornes de ce monde visible, ce monde visible ne seroit plus immense & infiny ; & par consequent confondre le lieu interieur du corps avec le corps mesme,

& reconnoître d'ailleurs que Dieu peut détruire les corps, c'est reconnoître évidemment que le vuide n'est pas impossible, & que le monde peut n'être pas immense & infiny.

Je demeure d'accord que si Dieu pouvoit détruire absolument les corps qui entrent & qui sortent, il pourroit absolument détruire le lieu interieur : mais ayant prouvé dans le chap. 4. que Dieu ne peut détruire les corps considerez en eux-mesmes, c'est à dire selon leur matiere ou étenduë ; il s'ensuit necessairement qu'il ne peut détruire le lieu interieur ; parce que le lieu interieur & les corps considerez selon leur étenduë sont réellement une mesme chose. Or si Dieu ne peut détruire le lieu interieur, il est évident que toutes les consequences que M. du Hamel tire de la supposition contraire, ne prouvent rien contre l'opinion des Cartesiens touchant l'impossibilité du vuide, & l'immensité du monde : & qu'il reste toujours que le vuide est absolument impossible, & que le monde est immense.

En effet si le lieu interieur du corps & le corps estoient la mesme chose, en sorte que le corps sortant ou entrant emportast son lieu interieur, comme dit notre Auteur de l'eau & du vin, dont l'un sort & l'autre entre dans le vase, il s'ensuivroit que le corps pourroit avoir du mouvement local sans quitter son lieu interieur & premier, puisque sortir

&

& entrer eſt un mouvement local. Or on ne peut concevoir comment un corps peut avoir le mouvement local ſans quitter le premier lieu & en prendre un autre ; & par conſequent le lieu interieur du corps n'eſt pas le corps meſme ; c'eſt pourquoy Ariſtote met cette difference entre le vaſe & le lieu, que le vaſe ſe tranſporte avec la liqueur qu'il contient, & que le lieu ne ſe tranſporte point avec la choſe muë.

C'eſt une choſe conſtante que ſi le lieu interieur du corps, & le corps ſont la meſme choſe, le corps peut avoir du mouvement local ſans quitter ſon lieu interieur. Si M. du Hamel ne peut comprendre cela, le deffaut ne vient pas de la choſe meſme, mais de ſon eſprit qui s'eſt accoûtumé à confondre le lieu interieur avec le lieu exterieur; & à ne pas conſiderer que les corps qui ſe meuvent localement, ne changent pas de lieu interieur, mais de lieu exterieur ; car c'eſt proprement dans le changement de ce lieu exterieur que conſiſte le mouvement local, comme il eſt clairement démontré par l'exemple meſme que M. du Hamel apporte d'Ariſtote qui dit , qu'il y a cette difference entre le vaſe & le lieu, (il entend parler du lieu exterieur) que le vaſe ſe tranſporte avec la liqueur qu'il contient; & que le lieu exterieur, qui eſt la premiere ſurface du corps environnant, n'eſt point tranſporté avec le vaſe & la liqueur ; car en effet le vaſe & la liqueur

G

qui sont transportez, conservant toujours le mesme lieu interieur, changent continuellement de lieu exterieur.

Il faut remarquer en passant que l'Auteur fait un cercle de logique en expliquant le lieu interieur par le lieu exterieur, & reciproquement le lieu exterieur par l'interieur: il dit *que le lieu interieur consiste dans le corps mesme comme borné par d'autres corps qui le touchent immediatement.* Or il dit, *que reciproquement le lieu exterieur consiste dans le corps comme bornant & environnant d'autres corps immediatement* ; ce qui rend les deux definitions du lieu interieur & exterieur vicieuses.

Je ne fais point de cercle de logique, je n'explique point le lieu interieur par l'exterieur, ny le lieu exterieur par l'interieur ; je definis ces lieux d'une maniere toute differente : je dis que *le lieu interieur d'un corps, ou l'espace qu'il occupe, consiste dans le corps mesme consideré comme borné par des corps qui le touchent immediatement.* Et je dis *que le lieu exterieur consiste dans la premiere surface des corps, qui en environnent un autre* ; avertissant expressément que c'est proprement cette surface qu'on nomme *lieu exterieur.* Ainsi selon mes difinitions le lieu interieur est une substance, & le lieu exterieur est un mode; le lieu interieur est réellement la mesme chose avec le corps qui l'occupe, & le lieu exterieur est modalement distingué du corps qui le remplit. Quoy de plus different ? D'où vient donc que M. du Hamel dit que j'ay definy le lieu interieur : *un corps comme bornant & environnant des corps immediatement*, car je ne l'ay jamais definy ainsi ? C'est sans doute qu'il a crû qu'il faloit cela pour me faire tomber dans ce pretendu cercle de logique qu'il m'attribuë. Mais quand mesme j'aurois definy le lieu exterieur, comme il dit, je ne serois pas tombé dans un cercle : car ce ne seroit pas tomber dans ce cercle de dire que le lieu exterieur est un corps environnant, & que le lieu interieur est un corps environné : ce seroit seulement definir le lieu exterieur par la matiere, au lieu de le definir par la forme. Ce qui ne seroit pas un grand defaut.

CHAPITRE VII.

Si les Cartesiens definissent bien le mouvement local.

M. Descartes dans la seconde partie de ses Principes nomb. 5. definit ainsi le mouvement local. *Le mouvement est le transport d'un corps du voisinage de ceux qui le touchent immediatement, & que nous considerons comme en repos, dans le voisinage de quelques autres.* Et je dis dans le liv. de la Physique part. 2. chap. 1. *que le mouvement est une application successive active d'un corps par tout ce qu'il a d'exterieur à diverses parties des corps qui le touchent immediatement.* M. du Hamel propose plusieurs difficultez, contre la definition du mouvement de M. Descartes. Mais comme je ne pretends pas deffendre cette definition, je ne m'arrêteray pas aussi à resoudre les difficultez que M. du Hamel y a trouvées.

La definition qu'en apporte notre Auteur n'est pas meilleure que celle de M. Descartes; & ce qu'il dit de plus est, *que le mouvement est une application active*; ce qui rend la definition plus deffectueuse : car c'est un deffaut dans la definition du mouvement local, d'y faire mention de la cause efficiente, parce que la definition ne doit comprendre que ce qui est formel dans la chose.

J'ay répondu par avance à cette difficulté dans mon Systeme. Voicy comment je parle à la fin du 2. chap. de la 2. part. *Je ne crois pas qu'on puisse rien objecter contre les definitions du mouvement & du repos que nous venons de proposer, si ce n'est peut-estre qu'on dira que celle du mouvement n'est pas exacte, à cause qu'elle comprend non seulement la cause formelle du mouvement, mais encore sa cause efficiente; ce qui est contre la regle des bonnes definitions. Mais il est aisé de répondre à cela, en*

faisant remarquer que le mouvement n'ê-
tant proprement qu'une action, il ne peut
estre definy que par rapport à la cause qui
le produit, puisque l'action n'est autre chose que la cause mesme agissante consideree
entant qu'elle agit. On ne peut prevenir
plus precisément une difficulté, que j'ay pre-
venu celle de M. du Hamel. C'est pourquoy pour ne pas disputer inutilement, au
lieu de proposer de nouveau la mesme difficulté, il devoit s'attacher à combattre
l'explication que j'en avois donnée. J'a-
jouteray que toutes les definitions ne se
font pas par la cause formelle : il y en a
plusieurs qui se font par la cause efficiente,
d'autres par la matiere, d'autres par la forme, & d'autres par la fin ; sans toutefois
que pour cela ces definitions soient vicieuses.

On peut ajouter que si le mouvement local
estoit une application active, les corps ne pourroient estre mis en mouvement que par eux-mesmes, & non pas par un principe étranger. Or les
corps peuvent estre mis en mouvement par un
principe étranger : par consequent la definition de
l'Auteur est contraire à ses autres principes.

J'ay encore prévenu cette seconde difficulté dans le 5. chap. nomb. 3. où aprés
avoir prouvé que la mesme force qui produit le mouvement produit le repos, je me
fais cette objection à moy-mesme : *On dira*

peut-estre que la force mouvante n'est pas plus hors du corps qui est en repos, qu'elle est hors du corps qui est en mouvement : puisque cette force n'est autre chose que Dieu mesme, entant qu'il veut mouvoir la matiere, & que Dieu est également hors de tous les corps: d'où l'on conclura que c'est sans raison que nous faisons consister le mouvement dans une application successive active, & le repos dans une application constante, ou dans une application successive, mais passive; puisque toutes les applications des corps, soit constantes, soit successives, sont également passives, c'est à dire également dépendantes d'une force qui est hors du corps qui s'applique. Cette objection n'est pas differente de celle de M. du Hamel; & j'ose dire, qu'elle est beaucoup plus forte. Voicy la réponse. *Bien que la force mouvante (que nous ne distinguons pas de la volonté que Dieu a de mouvoir les corps) soit également hors de tous les corps, elle ne laisse pas neanmoins de se rapporter diversement aux corps qui sont en mouvement & à ceux qui sont en repos: car il est évident que Dieu veut directement,&, comme l'on dit, per se, que les corps mus s'appliquent successivement à diverses parties des corps qui les touchent immediatement; & qu'il ne veut qu'indirectement, &, comme l'on dit,* per accidens, *que les autres* corps s'appliquent aux corps mûs. C'est pourquoy pour distinguer ces deux sortes d'applications, nous avons nommé *actives* celles que Dieu veut directement ; & nous avons appellé *passives*, celles qu'il ne veut qu'indirectement. Or cela fait voir clairement qu'il n'y a aucune contrarieté entre la definition du mouvement que j'ay donnée, & mes autres maximes : car je n'entens pas par cette definition, que les corps soient mûs par une force qui reside effectivement dans les corps, & qui en soit un mode ; mais par une force qui est hors des corps, & qui agit neanmoins comme si elle estoit dans les corps ; ainsi que je viens de l'expliquer. Je puis donc assurer d'un côté que le mouvement est une application active ; & dire d'un autre côté que les corps mûs sont mis en mouvement par un principe étranger, sans que cela repugne.

CHAPITRE VIII.

Si un corps se peut mouvoir de luy-mesme.

Les Cartesiens enseignent qu'aucun corps ne se peut mouvoir de luy-mesme. C'est la doctrine expresse de notre Auteur dans la Physique liv. 1. part. 2. chap. 4. Mais on soutient au contraire que la raison qu'il apporte pour prouver cela, lors qu'il dit *que tout ce qui est accidentel à un sujet, procede d'une cause exterieure*, n'a rien de solide : surtout en parlant generalement, comme il parle; puisque les agens libres se donnent à eux-mesmes leurs propres déterminations, bien qu'elles soient accidentelles.

Il a esté prouvé que les agens libres ne se donnent point à eux-mesmes leurs propres déterminations; car suivant cette commune maxime : *Nihil volitum quin præcognitum*, il n'y a point de détermination dans la volonté qui ne suppose une idée dans l'entendement ; & il n'y a point d'idée dans l'entendement, qui ne suppose quelque objet hors de l'entendement. C'est pourquoy si la volonté est censée se déterminer elle-mesme, ce n'est pas que sa détermination soit absolument indépendante, car elle dépend de quelque idée de l'entendement ; mais c'est que les idées de l'entendement sont interieures à l'ame, & qu'on a coûtume d'appeller *action*, tout ce qui procede d'un principe qui est interieur au sujet qui agit; comme il a esté remarqué dans le 2. liv. de la Metaphysique part. 2. chap. 2. Or si les agens libres ne se peuvent donner à eux-mesmes leurs propres déterminations, à plus forte raison les corps ne se peuvent pas mouvoir eux-mesmes.

CHAPITRE IX.

Si un corps en mouvement continuë de luy-mesme à se mouvoir.

Les Cartesiens n'ont point d'axiome plus commun que celuy-cy ; sçavoir, *qu'un corps mis en mouvement continuë de luy-mesme à se mouvoir eternellement*, c'est pourquoy, disent-ils, ce n'est pas la cause qui continuë ce mouvement qui doit occuper les Philosophes à sa recherche, mais plutôt la cause qui arrête le mouvement. Cependant cette doctrine n'est pas si certaine qu'ils le veulent persuader. Car lors qu'ils disent qu'un corps mis en mouvement continuë de luy mesme à se mouvoir, ils veulent sans doute que ce corps soit la cause efficiente immediate de la continuation de son mouvement une fois commencé. Or cela n'est pas sans difficulté, à moins que de dire qu'un corps peut de luy-mesme commencer son mouvement, ou qu'il reçoit une qualité impresse capable de le continuer.

Comme M. du Hamel n'attaque pas la continuation du mouvement, & qu'il se contente de proposer des difficultez sur la maniere dont les Cartesiens l'expliquent ; il est necessaire de l'avertir qu'en disant qu'un corps qui est en mouvement, continuë de luy-mesme à se mouvoir, les Cartesiens n'entendent pas par ces mots *de luy-mesme*, que le corps mû soit la cause mediate ou immediate de la continuation de son mouvement ; ils entendent seulement par ces mots, *de luy-mesme*, qu'il n'y a rien dans le corps mû, qui empesche la cause qui a commencé à le mouvoir, de le mouvoir eternellement. Or cela s'accorde parfaitement avec cet axiome des Cartesiens, *que tout ce qui est accidentel à un sujet, procede d'une cause exterieure*; car cela fait voir qu'un corps ne peut de luy-mesme, ny commencer, ny continuer son mouvement, & que s'il commence & continuë à se mouvoir, c'est seulement parce qu'il est mû par quelque cause étrangere. Ce qui a trompé M. du Hamel, est qu'il a pris ces mots: *de luy-même*, pour signifier la puissance que le corps a de se mouvoir par sa propre vertu; au lieu qu'il ne les devoit prendre que pour signifier que le corps mû n'a rien de luy-mesme qui empesche la cause qui a commencé à le mouvoir, de le mouvoir eternellement. Ce qui est tout different.

Ce qui augmente la difficulté dans les principes Cartesiens, c'est qu'ils posent pour axiome general: *que tout ce qui est accidentel à un sujet, procede d'une cause exterieure*. Ce sont les propres termes de l'Auteur dans le 4. chap. de la 2. part. du 1. liv. de la Physique. Or la continuation du mouvement n'est pas moins accidentelle que le commencement: d'où il s'ensuit que la continuation du mouvement procede d'un principe etranger, ainsi que le commencement.

La maxime que les Cartesiens posent, *que tout ce qui est accidentel à un sujet, procede d'une cause exterieure*, n'augmente en aucune façon la difficulté; au contraire elle la resout entierement, en faisant voir que la continuation du mouvement n'est pas moins accidentelle que le commencement; car il s'ensuit manifestement de là qu'elle dépend aussi bien que luy d'une cause étrangere, comme les Cartesiens le pretendent. Que si M. du Hamel en a jugé autrement, c'est sa faute, & non pas celle des Cartesiens, lesquels n'ont jamais cru qu'un corps se donnât à luy-mesme, ny qu'il reçût d'ailleurs une qualité impresse, ni que le commencement de son mouvement en produisist la continuation.

Et quand on accorderoit aux Cartesiens que tout ce qui est dans un état permanent, tend de soy-mesme à le conserver; neanmoins on ne leur accorderoit pas si facilement que tout ce qui est dans un état successif, comme celuy du mouvement, tende de soy-mesme à le conserver. La disparité est grande; parce que les estres permanens sont totalement produits dans le premier instant, & ainsi il ne reste rien à produire de nouveau dans le second instant, ny dans les suivans: au lieu que l'estre successif n'est produit qu'en partie dans le premier instant; & que dans le second & dans les suivans, les autres parties de ce mesme corps doivent estre produites de nouveau: & par consequent il faut non seulement chercher la cause qui arrête le mouvement commencé, mais encore celle qui le continuë. Et on soutient qu'il est plus difficile de trouver celle qui le continuë, que celle qui l'arreste.

Il y est vray qu'il y a cette difference entre les estres permanens & les estres successifs, que les estres permanens sont totalement produits dans le premier instant, & que les estres successifs ne sont produits qu'en partie dans le premier instant; & que dans le second & dans les suivans les autres parties de ce mesme estre doivent estre produites. Mais cela n'empesche pas que les estres successifs ne tendent d'eux mesmes à se conserver, tout comme les estres permanens. Car il faut remarquer que tendre à se conserver ne signifie autre chose dans un estre, que n'y avoir rien dans cet estre qui empesche la cause qui le produit, de le produire sans cesse. Or cela est commun aux estres permanens & aux estres successifs: car comme il n'y a rien dans les estres permanens qui empesche la cause qui les produit totalement dans le premier instant, de les reproduire totalement dans l'instant second, & dans les suivans; il n'y a aussi rien dans les estres successifs qui empesche la cause qui en produit une partie dans le premier instant, d'en produire les autres parties dans les instans qui suivent: d'où il s'ensuit que les estres permanens & les estres successifs tendent également d'eux-mesmes à se conserver.

CHAPITRE X.

Si tout corps qui est mû en rond, tend sans cesse à s'éloigner du centre du cercle qu'il décrit.

M. Descartes dans la seconde partie des principes de la Philosophie nomb. 39. sur la fin, établit comme une maxime generale, *que tout corps qui est mû en rond, tend sans cesse à s'éloigner du centre du cercle qu'il décrit.*

M. du Hamel propose de grandes difficultez contre cette maxime. La premiere est prise d'un autre principe des Cartesiens; sçavoir, *que tout ce qui est accidentel à un corps, doit venir d'un principe étranger*: or il est accidentel à un corps mû en rond de se mouvoir d'un mouvement droit: donc le mouvement droit procede d'un principe étranger, & non pas du corps mesme qui tend à se mouvoir en ligne droite.

Ce principe des Cartesiens: *que tout ce qui est accidentel à un corps, vient d'une cause exterieure*, n'est point contraire à cet autre: *que tout corps mû en rond, tend à se mouvoir en ligne droite*: dont la raison est que le corps mû en rond n'est mû ainsi que par accident; d'où il s'ensuit que quand il cesse de se mouvoir en rond, il commence de luy-mesme à se mouvoir en ligne droite: car il faut remarquer que le corps mû en rond n'a pas besoin d'une cause étrangere pour se mouvoir en ligne droite; il suffit pour se mouvoir ainsi, qu'on luy ôte les causes qui le faisoient mouvoir circulairement. C'est pourquoy bien qu'il faille une cause étrangere pour rendre circulaire un mouvement droit; il n'en faut point une de mesme pour rendre droit un mouvement circulaire.

La seconde difficulté est aussi prise d'une autre maxime des Cartesiens; sçavoir, *que tout ce qui est dans quelque estat, tend de luy-mesme à s'y conserver.* Or un corps mû en rond est en état de mouvement circulaire; par consequent il tend de soy à se mouvoir en rond, & non pas à se mouvoir en ligne droite.

La maxime des Cartesiens: *que tout corps mû en rond tend de luy-mesme à se mouvoir en ligne droite,* n'est point contraire à cette autre, *que tout corps qui est dans un état, tend de luy-mesme à se conserver dans cet état*: car il faut remarquer que l'état d'un corps mû en rond n'est point d'estre mû en rond, mais d'estre mû en ligne droite: dont la raison est qu'un corps mû, n'est jamais mû en rond que par accident, à cause qu'il y a des causes étrangeres qui changent continuellement son mouvement droit en circulaire; c'est pourquoy quand un corps qui est mû en rond, tend à conserver son état, c'est l'état de mouvement droit qu'il tend à conserver, & non pas l'état de mouvement circulaire.

La troisiéme est encore prise d'un axiome des Cartesiens ; sçavoir, *qu'il n'y a aucun état qui soit violent au sens de l'école* ; parce que le corps est de soy indifferent à toutes sortes d'états : d'où il s'ensuit que le mouvement circulaire n'est violent à l'égard d'aucun corps. Or un corps ne tend point de soy à changer l'état qui ne luy est pas violent, & par consequent le corps ne tend point de soy à changer le mouvement circulaire en mouvement droit.

Il est vray que les Cartesiens disent qu'il n'y aucun état qui soit violent au corps, parce que le corps est de soy indifferent à toutes sortes d'états ; mais cela n'empesche pas que le corps mû en rond ne tende continuellement à changer son mouvement circulaire en mouvement droit : car il n'est pas necessaire pour cela que le mouvement circulaire soit violent au corps mû ; il suffit qu'il luy soit accidentel, comme il l'est en effet.

La quatriéme difficulté est prise de ce que M. Desc. apporte pour raison de sa maxime, *que le corps mû en rond, en chaque point de la ligne circulaire qu'il décrit, est déterminé à un mouvement droit sur la tangente.* A quoy on répond qu'il n'y a aucun point dans une ligne circulaire : car comme la ligne droite est composée d'une infinité d'autres lignes droites plus petites ; une ligne courbe, comme la circulaire, est composée d'une infinité d'autres lignes courbes, & par cette raison on démontre que le corps mû en rond estant déterminé dans toutes les parties du cercle qu'il décrit, à se mouvoir selon une ligne courbe, il ne peut en suivant la derniere déterminatiō estre mû sur une ligne droite.

J'avouë que dans la ligne circulaire il n'y a pas des points Mathematiques tels que M. Descartes les suppose: mais cela n'empesche pas que M. Descartes pour rendre sa démonstration plus précise, n'ait pû supposer des points Mathematiques dans une ligne circulaire. C'est aussi sans fondement que M. du Hamel compare la ligne droite, avec la ligne circulaire, & qu'il dit que comme la ligne droite est composée d'une infinité d'autres lignes droites plus petites, la ligne circulaire est composée d'une infinité de lignes circulaires ; cela estant absolument faux. Car 1. la ligne droite n'est point à parler proprement, composée de lignes droites, dont la raison est que cette ligne estant tres simple (comme il sera démontré) elle est aussi exempte de toute sorte de composition. 2. La ligne circulaire n'est point composée de lignes circulaires ; au contraire comme cette ligne est engendrée d'une infinité de mouvemens, dont chacun est droit, elle doit passer aussi pour composée de plusieurs lignes droites ou équivalentes à des lignes droites : ce qui est tout opposé à ce que M. du Hamel a voulu prouver : car son but a esté de faire voir que tout corps mû en rond en suivant sa derniere détermination, tend à se mouvoir circulairement ; & il prouve au contraire, que tout corps mû en rond en suivant sa derniere détermination, tend à se mouvoir en ligne droite.

Notre Auteur pretend démontrer cette regle, parce que, dit-il, le cercle est équivalent à une figure d'un nombre indefiny de côtez, & par consequent il faut qu'un corps qui se meut en rond, souffre une continuelle violence par la rencontre de quelques autres corps, sans lesquels il ne se mouvroit pas par la ligne circulaire qu'il décrit.

J'aurois tort si j'avois voulu prouver que tout corps qui se meut en rond, tend à s'éloigner du centre du cercle qu'il décrit, par cette seule raison que le cercle est equivalent à une figure d'un nombre indéfiny de côtez: car cela prouve bien qu'un corps qui se meut circulairement, est continuellement détourné de la ligne droite ; mais il ne prouve pas que tout corps qui est mu en rond, tend à s'éloigner du centre du cercle qu'il décrit. J'ay aussi établi ces deux veritez sur des raisons tout à fait differentes : car premierement j'ay tâché de prouver dans le premier Livre de la Physique, part. 2. chap. 14. Que tout corps qui a commencé à se mouvoir, tend de luy-mesme à continuer son mouvement en ligne droite. Voicy comment je parle sur ce sujet. *Comme les corps qui se meuvent tendent d'eux-mesmes à continuer dans leur mouvement; par la mesme raison les corps qui sont determinez à se mouvoir vers un certain côté, persistent d'eux-mesmes à se mouvoir avec la mesme détermination, si rien ne les en empesche. Par exemple, si nous supposons qu'un certain corps soit déterminé dans le premier instant qu'il se meut, à aller vers un certain point, je dis que dans tous les instans qu'il se mouvra, il demeurera de luy-mesme dans cette détermination, & par consequent qu'il passera par tous les points qu'on peut supposer dans une ligne droite, dans lesquels il sera toujours déterminé à aller vers le mesme point: au lieu que s'il sortoit de cette ligne droite, il changeroit de détermination. C'est pourquoy, puisque tout corps qui se meut tend à aller d'un point à un autre, il faut necessairement qu'il y aille par une ligne droite, non seulement parce que c'est le plus court chemin, mais encore parce que c'est une necessité que chaque chose persiste à demeurer dans l'état où elle est, si rien ne l'en empesche. Il s'ensuit de là* 1. *que les mouvemens droits sont des mouvemens simples; c'est à dire des mouvemens, dont toute la nature est comprise dans un seul instant; parce que dans de M. du Hamel.* Part. 1.   163

tous les inſtans, la détermination du mouvement droit eſt la meſme. Et au contraire les mouvemens circulaires ſont compoſez, parce qu'ils changent à tous momens de détermination. Il s'enſuit 2. que tout mouvement droit eſtant ſimple, il ne peut eſtre compoſé de pluſieurs autres mouvemens droits, comme M. du Hamel le pretend. Au contraire le mouvement circulaire changeant à tous momens de détermination, il peut eſtre conſideré comme compoſé d'une infinité de mouvemens droits tous differens. C'eſt pourquoy M. Deſcartes a eu raiſon de dire que le corps mû en rond, en chaque point de la ligne qu'il décrit, eſt déterminé à un mouvement droit ſur la tangente; & M. du Hamel n'en a aucune, d'aſſurer que le corps mu en rond ne peut en ſuivant ſa détermination eſtre mu que ſur une ligne courbe. Il s'enſuit 3. que tout mouvement commence par le mouvement droit, & que ce n'eſt que par accident qu'il devient circulaire: d'où il s'enſuit qu'il ne faut point de cauſes exterieures pour changer un mouvement circulaire en droit, & qu'il ſuffit d'éloigner les cauſes qui le rendent circulaire.

Aprés avoir prouvé que tout ce qui eſt en mouvement, tend à ſe mouvoir en ligne droite; je tâche de démontrer que quand un corps ſe meut en rond, il eſt continuellement empesché de se mouvoir en ligne droite. Voicy comment je le démontre. *Si nous voyons qu'un corps décrit par son mouvement les quatre côtez d'un quarré, il faut conclure qu'aux quatre angles, où il a changé de détermination, il a esté détourné par la rencontre de quelques autres corps, qui ont resisté à son mouvement & à sa détermination ; & parce que le cercle est équivalent à une figure d'un nombre indefiny de côtez, il faut qu'un corps qui se mût en rond, souffre une continuelle violence par la rencontre de quelques autres corps, &c.* Or il y a une fort grande difference entre dire, qu'un corps qui se meut en rond, tend à s'éloigner du centre du cercle qu'il décrit, & dire, que tout corps qui se meut en rond est continuellement empesché de se mouvoir en ligne droite. Un corps qui se meut en rond, tend à s'éloigner du centre du cercle qu'il décrit, parce qu'il tend à suivre sa détermination ; qui est dans une ligne droite, comme je l'ay prouvé dans le commecement du 14. Chap. de mon Systeme : & un corps qui se meut en rond, est continuellement empesché de se mouvoir en ligne droite, parce qu'il rencontre continuellement des obstacles à sa détermination ; comme je l'ay aussi prouvé dans la suite du mesme Chap. Pourquoy donc, puisque selon moy les raisons de ces deux maximes sont differentes, M. du Hamel veut-il faire paroître que je me sers des unes au lieu des autres.

L'Auteur dans l'endroit cy-devant rapporté, ne donne pas une meilleure raison de cette pretenduë maxime. Il dit, *que le cercle est équivalent à un polygone infiny, c'est à dire à une figure d'un nombre indefiny de côtez, qui sont autant de lignes droites.* A quoy on répond que de ce que la figure circulaire est équivalente à un polygone infiny, ou à une figure d'une infinité de côtez; il s'ensuit seulement que le mouvement circulaire est équivalent à un mouvement composé d'une infinité de mouvemens droits : mais comme la figure circulaire n'est pas formellement composée de lignes droites, autrement elle ne seroit pas circulaire; de mesme le mouvement circulaire n'est pas formellement composé de mouvemens droits, autrement il ne seroit pas circulaire : d'où il s'ensuit que ce qui est mû circulairement, n'est déterminé à aucun mouvement droit.

M. du Hamel ne s'est pas contenté de transporter mes raisons, il cite encore pour une seconde fois l'endroit où j'ay dit que le cercle est équivalent à une figure d'un nombre indefiny de côtez; mais de telle sorte que dans cette seconde citation il ajoute ces paroles : *qui sont autant de lignes droites*, lesquelles ne se trouvent point dans la premiere citation, ny dans aucun endroit de mes écrits ; cependant il bâtit une objection sur ces paroles, comme si je les avois proferées. Mais il est aisé d'y répondre : car je demeure d'accord que de ce que la figure circulaire eft équivalente à une figure d'une infinité de côtez, il s'enfuit feulement que le mouvement circulaire eft équivalent à un mouvement compofé d'une infinité de mouvemens droits. J'accorde encore que comme la figure circulaire n'eft pas formellement compofée de lignes droites, de mefme le mouvement circulaire n'eft pas formellement compofé de mouvemens droits : mais je foutiens qu'il fuffit pour établir la maxime des Cartefiens, que le mouvement circulaire foit compofé de mouvemens qui foient équivalens à des mouvemens droits; car M. Defcartes ny les Cartefiens n'ont jamais pretendu autre chofe.

Et tant s'en faut que cette raifon de l'Auteur prouve que le corps mû en rond, tende fans ceffe à s'éloigner du centre du cercle qu'il décrit; qu'au contraire, elle prouve démonftrativement qu'il s'en éloigne & s'en approche alternativement : qu'il s'en éloigne, lors qu'il touche les angles du polygone, & qu'il s'en approche lors que d'un angle à l'autre il fe meut fur les côtez.

Quoyque le cercle foit équivalent à un polygone d'un nombre indefiny de côtez, cela n'empefche pas que le corps mu en rond ne tende fans ceffe à s'éloigner du centre du cercle qu'il décrit. Et il ne ferviroit de rien de dire que les angles du polygone sont plus éloignez du centre que les côtez : car cela serviroit bien à démontrer que le corps mu en rond s'éloigneroit & s'approcheroit alternativement du centre du mouvement ; mais ne prouveroit pas que le corps mu en rond ne fist continuellement effort pour s'éloigner de ce centre : or c'est tout ce que les Cartesiens ont pretendu établir.

CHAPITRE XI.

S'il faut plus de force à mouvoir un grand corps qu'à en mouvoir un petit.

Tous les Philosophes conviennent qu'il faut plus de force à mouvoir un grand corps qu'un petit, lors qu'on les considere physiquement avec leur pesanteur & avec la resistance du milieu ; parce que le plus grand est le plus pesant, *cæteris paribus*, & le milieu resiste davantage. La difficulté est de sçavoir, *s'il faut plus de force pour mouvoir les grands que les petits corps, considerez mathematiquement sans pesanteur & sans resistance du milieu.* Les Cartesiens tiennent l'affirmative.

Je ne puis pas douter que M. du Hamel ne me tienne pour Cartesien, puisqu'il me declare tel par le titre mesme de son Livre : cependant je n'ay jamais dit qu'il fallût plus de force pour mouvoir les grands que pour mouvoir les petits corps considerez mathematiquement : J'ay dit au contraire fort expressement dans la Physique Chap. 8. nomb. 8. qu'il ne faut pas plus de force pour mouvoir un grand corps que pour en mouvoir un petit ; parce que l'un ny l'autre ne fait aucune resistance au mouvement. C'est pourquoy M. du Hamel doit restraindre sa proposition, & de generale qu'elle est, la rendre particuliere, en ajoutant le mot de *quelques Cartesiens* : outre qu'il ne s'agit pas icy de sçavoir s'il faut plus de force pour mouvoir les grands corps que pour mouvoir les petits ; car les Cartesiens tombent d'accord qu'il n'en faut pas plus : mais il s'agit principalement de sçavoir si la mesme force suffit pour les mouvoir tous également vite ; ce que M. du Hamel soutient, & que les Cartesiens nient absolument & avec raison, comme je l'ay prouvé contre le R. P. Pardies dans la Physique Chap. 8.

On soutient neanmoins qu'il ne faut pas plus de force à mouvoir les grands que les petits corps, considerez sans pesanteur & sans resistance du milieu : la raison est que la difficulté de produire le mouvement, ne se prend pas de l'étendue, mais seulement du degré & de la vitesse. Or le mouvement des grands & des petits corps ne differe que dans l'étendue, qui est plus grande dans les plus grands corps, & plus petite dans les plus petits. On suppose que le mouvement dans les uns & dans les autres est de mesme degré & de mesme vitesse ;

par

par consequent il n'est pas plus difficile de mouvoir les grands corps que les petits, considerez sans pesanteur & sans resistance du milieu.

On peut reduire ce raisonnement de M. du Hamel sous cette forme. *Il ne faut pas plus de force à mouvoir les grands que les petits corps considerez sans pesanteur & sans resistance du milieu ; parce que la difficulté de produire le mouvement ne se prend pas de l'étenduë, mais seulement du degré & de la vitesse.* J'accorde cette majeure comme tres conforme à ce que je viens d'établir dans l'article precedent. Or *on suppose que le mouvement dans les uns & dans les autres est de mesme degré & de mesme vitesse.* J'accorde que M. du Hamel suppose cela : mais je soutiens qu'en le supposant, il suppose ce qui est en question ; & par consequent que son argument est un pur paralogisme. La question est, si la mesme force suffit pour mouvoir également vite les grands & les petits corps. M. du Hamel & le R. P. Pardies soutiennent qu'elle suffit ; les Cartesiens le nient : c'est donc à M. du Hamel à le prouver, & non pas à le supposer, comme il fait.

Et en effet, il en est du mouvement comme de l'impression à l'égard des grands & des petits corps. Or il n'est pas plus difficile de communiquer l'impression aux grands qu'aux petits corps considerez sans pesanteur & sans resistance du milieu ; par exemple, il n'est pas plus difficile de presser une colomne de matiere subtile depuis le ciel jusqu'à la terre, qu'il est difficile d'en presser une depuis le ciel jusqu'à la moyenne region de l'air seulement ; cette impression se communiquant dans le mesme instant & avec la mesme facilité depuis le ciel jusqu'à la terre, qu'elle se communique depuis le ciel jusqu'à la moyenne region de l'air : par consequent il ne faut pas plus de force pour mouvoir, &c.

Je tombe d'accord qu'il en est du mouvement comme de l'impression à l'égard des grands & des petits corps, c'est à dire qu'il n'est pas plus difficile de communiquer de l'impression aux grands corps qu'aux petits, considerez sans pesanteur & sans resistance du milieu. Mais ce n'est pas là la question : il s'agit de sçavoir, si cette communication estant faite, la mesme impression fera mouvoir également vite les grands & les petits corps. M. du Hamel soutient l'affirmative ; & je pretends avoir démontré la negative dans la Physique chap. 8.

C'est pourquoy il faut mettre une grande difference entre un corps qui donne le mouvement à un autre, & entre le sucre qui communique sa douceur. Il est vray que le sucre qui communique sa douceur à une certaine quantité d'eau, ne pourroit pas la communiquer en mesme degré à une plus grande, parce que le sucre communique sa douceur en se mélant formellement entre les parties de l'eau ; au lieu que le corps communique son mouvement à un autre, non pas en se mêlant avec luy, mais en produisant effectivement le mouvement dans toutes les parties du corps qui est mû ; c'est pourquoy toute la difficulté de mouvoir vient du degré & de la vitesse du mouvement, & non pas de l'étenduë qui n'a d'elle-mesme aucune resistance ny pente au mouvement.

Il y a si peu de rapport entre la maniere dont un corps communique son mouvement à un autre corps, & entre la maniere dont le sucre communique sa douceur à l'eau, que je ne crois pas qu'aucun Cartesien se soit jamais avisé de les comparer ensemble. Mais quand cela seroit la cause de M. du Hamel n'en seroit pas meilleure : car les Cartesiens luy accorderont bien qu'un corps communique son mouvement à un autre corps, non pas en se mêlant avec luy, comme le sucre se mêle avec l'eau, mais en produisant effectivement le mouvement dans toutes les parties du corps mu ; mais ils soutiendront que ce n'est pas de cela dont il s'agit precisément : qu'il s'agit de sçavoir si le corps qui produit le mouvement dans toutes les parties d'un autre corps, l'y produit toujours avec le mesme degré de vitesse, ou avec des degrez de vitesse differens : car s'il l'y produit toujours avec le même degré de vitesse, M. du Hamel a raison : mais s'il l'y produit avec des degrez de vitesse differens, je demande d'où vient cette difference de degrez de vitesse? S'il répond qu'elle vient du degré & de la vitesse, je replique que c'est une petition de principe: car c'est dire que le degré de vitesse vient du degré de vitesse; ce qui est un pur paralogisme. D'où vient donc la difference des degrez de vitesse? Elle vient sans doute de ce que la force qui est produite dans chaque partie du corps mu, est plus ou moins grande: C'est pourquoy si deux corps inégaux ont des forces égales, il faut de necessité que le plus grand ait moins de degrez de vitesse que le plus petit, à mesure que la force mouvante qui se trouve dans chacune de ses parties est moindre par proportion que celle qui se trouve dans chacune des parties du plus petit corps : ce que M. du Hamel ne semble pas avoir assez consideré.

CHAPITRE XII.

Si les regles que M. Descartes a données touchant le mouvement des corps qui se choquent, sont veritables.

M. Descartes dans la seconde partie des principes nomb. 45. 46. & suivans, dit que si deux corps parfaitement durs estoient tellement separez de tous les autres, qu'il n'y en eût aucun qui aydât, ny qui empeſchât leur mouvement, ils obſerveroient les ſept regles qu'il établit.

On ſoutient que des ſept regles de mouvement que M. Deſcartes a données, les ſix dernieres ſont fauſſes, & qu'il faut pour parler juſte, retrancher de la premiere l'egalité des deux corps qui ſe frappent comme inutile à l'effet que M. Deſcartes attribuë à la rencontre de ces corps.

Je ne pretends point ſoutenir toutes les regles de mouvement de M. Deſcartes: ſi je ne les ay pas ſuivies, c'eſt ſeulement parce qu'elles ne m'ont pas paru aſſez exactes: mais je puis bien aſſurer qu'il n'y en a aucune qui ſoit fauſſe, par la raiſon que M. du Hamel en apporte; car cette raiſon eſt fondée ſur un principe qui vient d'eſtre prouvé faux, qui eſt *que les grands corps ne ſont pas plus difficiles à mouvoir que les petits.* Quant à ce qu'il ajoute, que j'ay approuvé les ſept regles de mouvement que M. Deſcartes a données; outre que je ne l'ay jamais fait, il devoit au moins en excepter la quatriéme, qui eſt la premiere de mes loix du mouvement, puis que j'établis cette loy d'une maniere toute oppoſée à celle dont M. Deſcartes établit ſa regle.

CHAPITRE XIII.

S'il y a toûjours dans le monde une mesme quantité de mouvement.

M. Descartes enseigne dans la seconde partie des principes de sa Philosophie, nomb. 42. que Dieu conserve maintenant tout le mouvement qu'il a mis dans la matiere au commencement du monde, quoyque ce mouvement passe d'un corps à l'autre, en considerant toujours neanmoins la grandeur des corps qui meuvent & qui sont mus. Voicy les consequences que Mr. du Hamel tire de cette doctrine.

Si le corps mouvant est double du corps mû, il luy communiquera un mouvement double du sien. Et si le corps double d'un autre avoit deux degrez de mouvement, il en donnera quatre à l'autre corps; au lieu que si le plus petit de la moitié donnoit du mouvement au plus grand, & qu'il en eût quatre degrez, il n'en donneroit que deux à celuy qui est double en grandeur, & ainsi des autres à proportion.

Non seulement ces consequences n'ont aucun rapport avec la doctrine de M. Descartes, mais mesme elles y sont tout à fait opposées. La doctrine de M. Descartes est, que si un corps double d'un autre a six degrez de mouvement, il n'en communiquera que deux à celuy qui n'en a point &

en gardera quatre. Et si au contraire un corps n'est que la moitié d'un autre, & qu'il ait six degrez de mouvement, il en communiquera quatre degrez à cet autre, & n'en gardera que deux : & ainsi des autres par proportion. Voicy comment ce Philosophe parle dans la 2. partie des principes nomb. 5. *Si au contraire le corps C. estoit tant soit peu moindre que B. celuy-cy ne sçauroit aller si lentement vers l'autre, lequel je suppose encore parfaitement en repos, qu'il n'eût la force de le pousser, & de luy transferer la partie du mouvement qui luy seroit necessaire pour faire qu'ils allassent par après de mesme vitesse; à sçavoir, si B. estoit double de C. il ne luy transfereroit que le tiers de son mouvement, à cause que ce tiers feroit mouvoir C. aussi vite que les deux autres tiers feroient mouvoir B. puis qu'il est supposé deux fois plus grand : & ainsi après que B auroit rencontré C. il iroit un tiers plus lentement qu'auparavant. Tout de mesme si B. estoit trois fois plus grand que C. il ne luy transfereroit que la quatrième partie de son mouvement, & ainsi des autres.* Or il paroit par là évidemment que la doctrine de M. Descartes est entierement opposée aux consequences de M. du Hamel.

On soutient que cette maniere d'expliquer comment Dieu conserve la mesme quantité de mouvement dans la communication qui s'en fait d'un corps à un autre, dépend de ce principe des Cartesiens ; sçavoir, que les grands corps sont plus difficiles à mouvoir que les petits ; d'où les Cartesiens concluent qu'un corps double d'un autre luy communique un mouvement double du sien. Or ce principe est faux, comme nous l'avons démontré cy-devant ; & par consequent Dieu ne conserve pas la mesme quantité de mouvement de la maniere que les Cartesiens l'expliquent.

La maniere d'expliquer comment Dieu conserve la mesme quantité de mouvement, peut dépendre de ce principe des Cartesiens, Que les grands corps sont plus difficiles à mouvoir que les petits. Mais il est faux que les Cartesiens ayent jamais conclu delà qu'un corps double d'un autre luy communique un mouvement double du sien : car il vient d'estre prouvé que cette consequence est directement opposée à leurs principes. Il est encore faux que M. du Hamel ait jamais démontré que les grands corps ne soient pas plus difficiles à mouvoir que les petits ; d'où il s'ensuit que rien n'empesche que les Cartesiens n'assurent que Dieu conserve la mesme quantité de mouvement de la maniere qu'ils l'expliquent.

Les Cartesiens ajoûtent à cette doctrine de leur Maistre, que si Dieu ne conservoit pas la mesme quantité de mouvement qu'il a mise dans la matiere, l'action de Dieu ne seroit pas uniforme &

immuable; ce qui eſt abſurde. Mais la raiſon priſe de cette uniformité de l'immutabilité de l'action de Dieu n'a rien de ſolide : car il eſt vray que l'action de Dieu au dedans eſt uniforme & immuable, mais non pas l'action de Dieu au dehors. Or l'action par laquelle Dieu produit & conſerve le mouvement dans la matiere, eſt une action de Dieu au dehors : par conſequent il n'eſt pas neceſſaire que cette action ſoit uniforme & immuable.

Pour faire voir que la raiſon priſe de l'uniformité de l'action de Dieu n'eſt pas ſi peu ſolide que M. du Hamel penſe, il luy faut faire remarquer que Dieu n'agit que par ſa volonté; & que les actions de la volonté de Dieu ne ſont pas differentes de Dieu meſme, comme je l'ay prouvé dans la Metaphyſique, part. 1. chap. 8. Ce qui trompe M. du Hamel, eſt qu'il compare les actions de la volonté de Dieu avec les actions de la volonté des hommes : il croit qu'il y a dans les hommes des actions de la volonté, qui ſortent de la volonté; ne prenant pas garde que dans les hommes meſmes les actions de la volonté eſtant des modes de la volonté, ne peuvent ſortir de la volonté; & que ſi elles en paroiſſent ſortir, ce n'eſt que parce que leurs effets ſont hors de la volonté. Or rien n'empeſche que l'effet d'une action, qui eſt dans la volonté, ne ſoit hors de la volonté : car nous ſçavons que ce n'eſt pas la volonté qui produit immediatement les effets qui sont hors d'elle, mais le corps qui en vertu de son union, agit par les ordres de la volonté. Or si dans les hommes mesmes l'action de la volonté ne sort pas de la volonté; à plus forte raison l'action de la volonté de Dieu ne sortira pas de la volonté de Dieu, puisque la volonté de Dieu & son action sont réellement une mesme chose

CHAPITRE XIV.

Si la formation des trois Elemens de M. Descartes, est possible.

M. Descartes enseigne dans la troisiéme partie des principes nomb. 48. que toute la matiere dont le monde est composé, ayant esté divisée en plusieurs parties égales, ces parties ont dû par succession de temps devenir rondes, parce quelles ont eu divers mouvemens circulaires : mais d'autant qu'il ne sçauroit y avoir d'espace vuide, & que les parties de la matiere estant rondes laissent plusieurs intervales entre-elles ; il faut qu'il y ait une matiere divisée en parties extrémement menuës afin de changer de figure à tout moment, pour s'accommoder à celle des lieux où elle entre, &c. Des raclures de la matiere, qui auparavant estoit angulaire, & qui est presentement ronde, il s'en fait deux sortes de parties; les unes plus subtiles & plus agitées, & les autres plus grossieres & moins agitées. Les parties de la matiere les plus subtiles & les plus agitées sont le *premier Element*: les parties spheriques ou rondes, sont le *second Element*: & les parties irregulieres & moins agitées, sont le *troisiéme Element*.

On soutient que la formation des trois Elemens ainsi expliquée enferme plusieurs contradictions. La 1. que M. Descartes suppose qu'avant le mouvement circulaire, par lequel les parties de la matiere se sont arrondies, la matiere avoit esté divisée en parties de figure capable de remplir tous les vuides. Or c'est une contradiction dans les principes de M. Descartes, de supposer une division dans la matiere avant le mouvement circulaire; la division & le mouvement n'estant qu'une mesme chose ; & le premier mouvement de la matiere n'ayant pû estre autre que circulaire suivant les mesmes Cartesiens.

La doctrine de M. Descartes touchant la formation des Elemens ne renferme aucune contradiction ; car il n'y a aucune repugnance à dire qu'avant le mouvement circulaire, par lequel les parties de la matiere se sont arrondies, la matiere avoit esté divisée; parce qu'en effet elle avoit esté divisée par le mouvement droit, qui precede toujours le mouvement circulaire. C'est pourquoy ce n'est point contredire aux principes de M. Descartes, que de supposer une division dans la matiere avant le mouvement circulaire ; puisque le mouvement circulaire est toujours posterieur au mouvement droit, comme il a esté prouvé dans la Physique liv. 1. part. 2. chap. 14.

La 2. contradiction est, que M. Descartes enseigne d'un côté que la matiere est divisible à l'infiny ; & il enseigne en cet endroit que la matiere est actuellement divisée à l'infiny. Or il est évidemment contradictoire qu'une chose soit divisible à l'infiny, & qu'elle soit actuellement divisée à l'infiny. Donc la formation des trois Elemens de M. Descartes ainsi expliquée enferme plusieurs contradictions.

M. Descartes n'a jamais enseigné que la matiere fût actuellement divisée à l'infiny : il a dit seulement qu'elle est divisible à l'infiny ; ainsi il ne tombe point en contradiction.

La 3. & derniere contradiction est de dire d'un côté que la matiere subtile n'a aucune figure déterminée, & dire d'un autre côté qu'elle est une partie déterminée de matiere veritablement existante.

Il n'y a aucune repugnance à dire d'un côté que la matiere subtile soit une partie déterminée de matiere actuellement existante ; & à dire d'un autre côté que cette partie de matiere, quoyqu'actuellement existante, n'a aucune figure déterminée, pourvu qu'on entende par figure déterminée, une figure permanente. Or que M. Descartes l'ait entendu ainsi, cela paroît manifestement par la difference qu'il met entre la figure des parties du premier Element, qui est proprement la matiere subtile, & la figure des parties du second & du troisiéme Element, lors qu'il dit dans la 3. part. des principes nomb. 48. 49. & 50. que celles-cy conservent long-temps leur grosseur & leur figure, & que les autres changent la leur à tout moment: d'où il s'ensuit que M. Descartes ne tombe dans *aucune contradiction touchant la formation de ces trois Elemens.*

CHAPITRE XV.

Si dans le grand tourbillon les planetes tournent autour de leur propre centre, & font un tourbillon particulier.

J'établis dans le second Livre de la Physique chap. 13. que de ce que les planetes sont tellement engagées dans leur propre tourbillon qu'elles ne peuvent sortir, il s'ensuit non seulement qu'elles doivent estre placées à certaines distances de son centre, mais encore qu'elles sont contraintes de tourner autour de leur propre axe.

On soutient au contraire que les planetes qui sont emportées par la matiere du grand tourbillon autour du Soleil, ne doivent pas en vertu de cette matiere tourner autour de leur propre centre ny faire un tourbillon particulier. Premierement les planetes ne faisant aucune resiftance au mouvement du grand tourbillon qui les emporte, c'est une necessité qu'elles soient emportées d'une vitesse égale & uniforme au mouvement du grand tourbillon, & par consequent qu'elles ne tournent point autour de leur centre.

Quoyque les planetes suivent sans resistance la matiere du tourbillon qui les emporte, ce n'est pas à dire pourtant qu'elles soient emportées d'une vitesse égale à celle de cette matiere. Car il faut remarquer que les petites boules du second Element estant separées les unes des autres, quoy qu'elles conspirent plusieurs ensemble à agir contre les planetes, & à les pousser du mesme côté qu'elles vont ; elles ne peuvent neanmoins estre si bien d'accord à cet égard, qu'il n'y ait quelque partie de leur force qui est divertie, ou qui demeure en cela inutile. Ce qui fait que les planetes ne peuvent pas aller justement aussi vîte que ces petites boules, & par consequent qu'elles sont obligées de tourner autour de leur propre centre, par la mesme raison qu'une cuve qui est exposée au courant d'une riviere, ne manque pas en suivant ce courant, de tourner continuellement autour de son centre, à cause que le fil de l'eau va plus vîte que l'eau des bords.

En second lieu, la raison que l'Auteur apporte pour prouver que la matiere du grand tourbillon, doit faire tourner les planetes autour de leur propre centre, ne prouve rien, quand mesme on supposeroit que la matiere du grand tourbillon iroit plus vîte que les planetes, dont la raison est que selon l'Auteur la matiere du grand tourbillon qui passe par dessus la planete, a plus de force & de mouvement, que celle qui passe par dessous la mesme matiere; dautant qu'elle est plus éloignée du centre du mouvement. Car il est vray que la matiere qui coule par dessus la planete a plus de force absolument : mais il n'est pas vray qu'elle en ait plus par rapport à l'effet qu'elle doit produire ; parce qu'à proportion qu'elle a plus de force & de vitesse, elle doit produire dans la planete un mouvement plus vîte ; & à proportion que la matiere qui coule sous la planete a moins de vitesse, elle doit donner à la planete un mouvement moins vîte ; ainsi la matiere & la planete doivent aller de mesme vitesse ; ce qui fait que la planete ne doit tourner aucunement autour de son centre.

M. du Hamel suppose que la matiere qui est au dessous de la planete va plus lentement que celle qui est au dessus à proportion qu'elle est plus proche du centre du Soleil. Ce qui est tres faux : car la matiere qui est auprés du Soleil se meut toujours plus vîte que celle qui en est éloignée, comme je l'ay prouvé dans la Phyfique, livre 2. chapitre 9. Mais je laisse passer cette supposition, d'où M. du Hamel conclut que quoy que la partie superieure de la planete se meuve plus vîte que l'inferieure, il ne s'ensuit pas que la planete tourne. Et cela seroit tres veritable, si la partie superieure de la planete se mouvoit precisément aussi vîte que la matiere qui l'emporte, & si pareillement la partie inferieure se mouvoit de mesme vitesse que la matiere à laquelle elle répond, & par laquelle elle est emportée, comme M. du Hamel le suppose. Mais comme cela n'est pas, & que j'ay prouvé au contraire que ces deux matieres, quoyque muës d'une vitesse inégale entre-elles, vont plus vîte chacune que la partie de la planete qu'elle emporte, & qu'il est vray d'ailleurs que la matiere qui emporte la partie superieure de la planete, est plus forte que celle qui entraîne la partie inferieure; il est absolument necessaire que la partie superieure de la planete tourne vers l'inferieure, & qu'elle y tourne au sens que la matiere du grand tourbillon se meut ; sçavoir, d'Occident en Orient. Ce qu'il faloit prouver.

On tient mesme pour chose démontrée, tant par experience que par raison, que si la rouë d'un moulin estoit totalement ensevelie dans l'eau coulante, elle continueroit à se mouvoir du mesme sens qu'elle se mouvoit, n'ayant que la partie inferieure dans l'eau, c'est à dire que l'eau qui couleroit par dessous l'emporteroit sur celle qui couleroit par dessus.

Les Cartesiens sont si persuadez de cette experience & de cette raison, que c'est pour cela mesme qu'ils soutiennent que les planetes doivent tourner d'Occident en Orient, parce que la matiere qui coule par dessus, l'emporte sur celle qui coule par dessous. Ainsi la méprise de M. du Hamel vient de ce qu'il croit que comme dans une riviere l'eau inferieure est plus forte que la superieure ; de mesme dans un grand tourbillon, la matiere qui est proche du centre, est plus forte que celle qui est vers la circonference. Ce qui n'est point vray. J'ay prouvé au contraire dans le second livre de la Physique, que la matiere qui est vers la circonference des grands tourbillon, est toujours plus forte que celle qui est vers le centre.

CHAPITRE XVI.

Si les corps pesans descendent à cause du mouvement circulaire du tourbillon particulier de la terre.

M. Descartes dans la quatriéme partie des principes nomb. 20. & suivans, enseigne que les corps terrestres descendent vers le centre de la terre. Et je dis dans la réponse à M. Huet chap. 7. art. 2. que peut-estre les corps terrestres ne descendent pas si precisément qu'on pense au centre de la terre ; & que s'ils n'y descendent pas, on pourroit rendre raison de leur chûte par les principes de M. Descartes. M. du Hamel soutient le contraire de ce que j'avance ; & voicy comment.

Notre Auteur dans la réponse à la censure de la philosophie Cartesienne, soutient l'opinion de M. Descartes, entant qu'elle porte que les globules du second Element se mouvant circulairement autour de la terre, & s'éloignant du centre de leur mouvement, repoussent en bas les corps terrestres. Et quand on luy objecte que les corps terrestres ne descendent pas vers le centre du cercle qu'ils décrivent, mais vers le centre de la terre; il répond que peut-estre les corps terrestres ne descendent pas si precisément qu'on pense au centre de la terre : & que s'ils n'y descendent pas, on pourroit rendre raison de leur chute par les principes de M. Descartes. La premiere réponse est deffectueuse, en ce qu'elle veut faire passer pour incertain ce qui est tres constant ; sçavoir, que tous les corps pesans, non seulement sous l'Equateur, mais encore sous tous les cercles imaginables, tombent perpendiculairement au centre de la terre; ce qui est démontré par la figure sphérique de la terre, qui est constamment l'effet de la pesanteur des corps : or dans une sphere toutes les parties de la circonference tombent également au centre.

Il n'a jamais efté démontré par des raifons convaincantes, que les corps pefans defcendiffent precifément au centre de la terre: & la preuve que M. du Hamel en apporte eft un pur fophifme, en ce qu'il attribuë à la feule pefanteur des corps la rondeur de la terre, laquelle peut proceder de plufieurs autres caufes; comme par exemple, de celles aufquelles nous l'avons attribuée dans la Phyfique liv. 4. chap. 1. On ne fçait auffi ce qu'il veut dire par ces paroles: *Or dans une fphere toutes les parties de la circonference tendent également au centre.* Car il eft bien vray que dans une fphere toutes les parties de la circonference font également éloignées du centre : mais il n'eft pas vray qu'elles tendent à ce centre ; fi ce n'eft qu'on fuppofe qu'elles font pefantes, & que leur pefanteur les y fait tendre : ce qui eft une pure petition de principe.

Quant à la feconde réponfe, qui porte que les corps terreftes fe meuvent dans la maffe elementaire comme dans deux cones, dont les pointes font dans les poles, & les bafes dans l'Equateur; ce qui fait que tous ces corps font pouffez en mefme temps, & vers le centre de l'Equateur, qui eft le mefme que celuy de la terre, & vers le centre du cercle qu'ils décrivent; cette réponfe, dis-je, eft abfolument fauffe. Car on convient que les globules du fecond Element, qui décrivent les cercles polaires tâchent à décrire l'Equateur, afin d'approcher de plus en plus de la ligne droite. On convient encore qu'ils ne peuvent aller décrire l'Equateur fans s'éloigner, non feulement du centre des cercles polaires, mais encore du centre de l'Equateur. On convient en dernier lieu que les globules qui décrivent les cercles polaires devroient poufler les corps pefans vers les deux centres ; fçavoir, vers le centre des cercles polaires, & vers le centre de l'Equateur, s'il n'y avoit que les globules qui décrivent les cercles polaires à confiderer, & que ceux qui décrivent l'Equateur ne fuffent d'aucune confideration. Mais comme les globules qui décrivent les cercles polaires tâchent de décrire l'Equateur, afin d'approcher de plus en plus de la ligne droite : de mefme les globules qui décrivent l'Equateur, tâchent à décrire un plus grand Equateur. Et comme cette force des globules, qui décrivent l'Equateur, eft égale à celle des globules qui décrivent les cercles polaires ; elle empefche que les globules qui décrivent les cercles polaires, ne faffent effectivement mouvoir les corps pefans vers le centre de l'Equateur, qui eft le centre de la terre.

Pour prouver que ma réponfe n'eft pas fauffe : comme M. du Hamel eft convenu avec moy de certaines chofes, je veux convenir avec luy de quelques autres. Je conviens, par exemple, que comme les globules, qui décrivent les cercles polaires, tâchent de décrire l'Equateur ; il faut auffi que les globules qui décrivent l'Equateur, tâchent de décrire un plus grand Equateur : c'eft pourquoy comme la force des globules qui décrivent l'Equateur, eft plus grande, ou au moins égale à celle des globules qui décrivent les cercles polaires, elle l'empefcheroit abfolument d'avoir aucun effet, s'il n'y avoit que les globules qui décrivent les cercles polaires, & ceux qui décrivent l'Equateur à confiderer. Mais il faut encore avoir égard aux corps terreftres qui font parmy ces globules, & confiderer que comme ces corps n'ont pas tant de force pour décrire, ny les cercles polaires, ny l'Equateur, qu'en a un volume de globules pareil au leur; il faut neceffairement que ce volume de globules monte pour prendre leur place, & pour les faire defcendre à la fienne; ce qu'il ne peut faire fans avancer vers la circonference de l'Equateur & vers celle des cercles polaires, & fans faire defcendre en mefme temps les corps terreftres vers les centres de ces cercles: ce qu'il faloit prouver.

M. Varignon dans fes nouvelles conjectures fur la pefanteur des corps, a fait une objection aux Cartefiens, fondée fur ce qu'ils admettent deux mouvemens dans le tourbillon elementaire; fçavoir, le mouvement journalier autour de fon propre centre, & le mouvement annuel autour du Soleil. Et il a dit que le mouvement circulaire autour du Soleil apporteroit du trouble & de la varieté au mouvement des corps legers, felon la differente fituation qu'ils auroient par rapport au Soleil. Car d'un côté le mouvement circulaire qu'ils auroient autour de la terre en quelque fituation qu'ils fufsent, les feroit éloigner de la terre, & en certaine position les feroit approcher du Soleil, ce qui s'appelle *monter*. D'un autre côté le mouvement circulaire qu'ils auroient autour du Soleil, les feroit éloigner du Soleil & approcher de la terre, ce qu'on appelle *descendre*: d'où il s'ensuit que les mesmes corps monteroient & descendroient en mesme temps, ou du moins recevroient deux impressions contraires; une pour monter, & l'autre pour descondre : ce qui est absurde.

Il me semble que M. du Hamel n'a pas entendu l'objection de M. Varignon. Celuy-cy dit que si la masse elementaire a deux mouvemens, l'un annuel & l'autre journalier, tels que M. Descartes les suppose; toutes les parties, tant de la terre que de son tourbillon tendent par le mouvement qu'elles ont autour de son centre & autour du Soleil en mesme temps, à s'approcher du mesme centre depuis midy jusqu'à minuit, & à s'en éloigner depuis minuit jusqu'à midy. M. du Hamel dit au contraire que dans la supposition de M. Descartes, les mesmes corps monteroient & descendroient en mesme temps, ou au moins recevroient deux impressions contraires, l'une pour descendre, & l'autre pour monter : ce qui est tout different, puisque selon M. du Hamel, les mesmes corps monteroient & descendroient en mesme temps, & que selon M. Varignon ils ne montent & ne descendent qu'à de certaines heures.

Notre Auteur répond, *que l'impreſſion faite au corps du tourbillon elementaire par le mouvement annuel, ne fait rien pour le mouvement des corps peſans & des corps legers; parce qu'il eſt commun à ces corps & au centre duquel ils s'éloignent par leur legereté, & duquel ils s'approchent par leur peſanteur.* D'où il s'enſuit que le mouvement des corps peſans & des corps legers dépend uniquement du mouvement journalier du tourbillon elementaire autour de ſon centre. Cette réponſe ſeroit juſte ſi par le centre du tourbillon elementaire l'Auteur entendoit un point mobile, qui par un mouvement commun pût s'éloigner & s'approcher du Soleil à proportion que les corps s'en éloigneroient & s'en approcheroient : mais l'objection demeure dans toute ſa force, ſi par le centre du tourbillon elementaire, il entend un point fixe & immobile : car en ce ſens on ne pourra pas dire, comme fait l'Auteur, que le mouvement imprimé aux corps par le mouvement annuel du tourbillon elementaire, ſera commun au centre de ce tourbillon; parce que ce centre ſera un point fixe & immobile.

Il ne ſemble pas que M. du Hamel ait mieux compris ma réponſe que l'objection de M. Varignon. Il dit que ma réponſe ſeroit juſte, ſi par le centre du tourbillon elementaire j'entendois un point mobile, qui par un mouvement commun pût s'éloigner ou s'approcher du Soleil à proportion que les corps s'en éloignent ou s'en approchent. Mais c'eſt cela même qui rendroit ma réponſe fauſſe; parce que ſi le centre du tourbillon elementaire eſtoit mobile, comme il pretend, les corps ne

procheroient, ny ne s'éloigneroient ja-
s de luy; mais ils s'approcheroient ou
igneroient seulement du centre du So-
ce qui détruiroit entierement l'idée
nous avons de la pesanteur & de la
reté, qui est de faire que les corps
prochent ou s'éloignent du centre de
rre. Quant à ce qu'il dit que l'obje-
n demeure en sa force, si par le centre
tourbillon elementaire, j'entens un
t fixe; parce qu'en ce sens on ne pour-
as dire, comme je fais, que le mou-
nent imprimé aux corps par le mouve-
t annuel du tourbillon elementaire, se-
ommun au centre de ce tourbillon,
use que ce centre sera un point fixe
immobile: Je répons que M. du Ha-
confond mal à propos le mouvement
uel du tourbillon elementaire avec son
uvement journalier, & qu'il devroit
siderer que ces deux mouvemens estant
differens qu'ils le sont, rien n'empes-
que le centre du tourbillon elemen-
e ne soit fixe à l'égard du mouve-
nt journalier, & qu'il n'ait en mesme
ips un mouvement commun à l'égard
mouvement annuel. Or c'est tout ce
e je pretens, & ainsi ma réponse sub-
e toujours.

CHAPITRE XVII.

...ps liquides & des corps durs.

...t dans le quatriéme livre part. 1.
...que pour marquer la difference
...ntre un corps liquide & une li-
...faut dire que *le corps liquide est*
...*est composé de parties qui se meu-*
...*s mesmes en tous sens :* Et qu'une
...t un corps composé de parties qui
...*en tous sens par des corps liqui-*
...*our les corps durs,* voicy com-
...parle dans le mesme liv. part. 3.
...omb. 1. & 2. *Il faut penser qu'il*
...*urs corps dont les parties estant*
...*Tes ou assez irregulieres pour re-*
...*action de la matiere subtile, de-*
...*n repos les unes auprés des au-*
...*mposent par ce moyen des corps*
...*elle durs, parce qu'ils resistent à*
...*ion, & qu'ils se contiennent dans*
...*res bornes.* Et plus bas. *Ce sont*
...*arties mesmes des corps avec leur*
...*font la cause formelle de la dure-*
...*la cause formelle de la dureté,*
...*us la cause efficiente ; parce que*
...*iere consiste uniquement dans l'ef-*
...*lequel l'air & la matiere subtile*
...*nt les parties des corps durs.*

I

Avant que de reflechir sur le fond de cette doctrine, touchant la matiere des corps liquides & des corps durs ; il faut observer premierement que l'Auteur definit la dureté & la liquidité par leurs causes efficientes, en disant *que les liqueurs sont des corps composez de parties qui sont muës en tous sens par d'autres corps.* Et en disant *que la dureté est le repos des parties causé par la pression de l'air agissant de dehors en dedans.* Or c'est un defaut dans la definition d'exprimer la cause efficiente, accidentelle à la chose definie.

Avant que de répondre à la premiere observation de M. du Hamel, il faut remarquer que dans le lieu cité, je mets cette difference entre les liqueurs & les corps liquides, que les corps liquides sont composez de parties qui se meuvent d'elles-mesmes, j'entens *par se mouvoir d'elles-mesmes,* qu'elles ne sont pas muës par d'autres parties ; mais que c'est Dieu qui les meut immediatement : au lieu que les liqueurs sont composées de parties qui sont muës par d'autres parties. Selon ces difinitions la matiere du premier & du second Element sont deux corps liquides, parce que Dieu en meut immediatement les parties ; & l'eau, le vin, &c. sont des liqueurs ; parce que leurs parties sont muës par celles du premier & du second Element, qui les entraînent avec elles. Or cela posé : Je dis qu'en bonne logique on peut donner des définitions, non seulement par la cauſe *formelle*, mais encore par la cauſe *efficiente*, par la *matiere*, par la *fin*, &c. avec cette difference pourtant que les definitions par la cauſe formelle ſont les plus exactes: Mais cela n'empeſche pas que les autres ne ſoient bonnes; & par conſequent qu'elles ne doivent eſtre exemptes de critique: outre que pour rendre mes deux définitions formelles, il ne faut que retrancher de la premiere ces trois mots, *par d'autres corps*, ny de la ſeconde, que ces mots, *cauſé par la preſſion de l'air*.

En ſecond lieu, que l'Auteur en diſant, *qu'un corps liquide eſt compoſé de parties qui ſe meuvent en tous ſens d'elles meſmes*, détruit ce qu'il a dit ailleurs; ſçavoir, *qu'aucun corps ne ſe peut mouvoir luy-meſme*; & que la matiere ſubtile n'eſt pas muë d'elle meſme, mais de Dieu immediatement.

Quand je dis qu'un corps liquide eſt compoſé de parties qui ſe meuvent d'elles-meſmes, je ne détruits point ce que j'ay étably ailleurs; ſçavoir, *qu'aucun corps ne ſe peut mouvoir de luy meſme*: car je n'entens pas (comme je l'ay déja remarqué) que les parties des corps liquides ſoient muës d'elles-meſmes ſans le ſecours de Dieu, mais ſeulement qu'elles ne ſont pas muës par d'autres parties de la matiere; à la difference des liqueurs, dont les parties sont muës immediatement par les parties des corps liquides; sçavoir, par les parties du premier & du second Element.

En troisiéme lieu, que notre Auteur dit que ce sont les parties mesmes des corps, qui par leur repos sont la cause formelle de la dureté, cependant qu'il enseigne *que si les parties de ce corps n'estoient pas pressées de dehors en dedans par l'air ou par la matiere subtile, les corps durs ne feroient aucune resistance à leur division*: d'où il s'ensuit qu'ils seroient formellement durs, & ne resisteroient pas à leur division: Ce qui est contradictoire.

Il est vray que la raison formelle de la dureté des corps est le repos de leurs parties; mais il n'est pas moins vray que le repos de leurs parties est un effet de la pression des corps exterieurs: d'où il s'ensuit visiblement que la resistance que les corps durs apportent à leur division, vient du repos de leurs parties comme d'une cause formelle, & de la pression des corps exterieurs comme d'une cause efficiente. Ce qui fait voir qu'il n'y a aucune repugnance à dire d'un côté que ce sont les parties mesmes des corps qui sont la cause formelle de la dureté par leur repos: & à dire de l'autre côté que si les parties de ces corps n'estoient pas pressées de dehors ou dedans, les corps durs ne feroient aucune resistance à leur division. Car il ne sert de rien de dire, que si la resistance à la division dépendoit de la pression des corps exterieurs, il s'enfuivroit que les corps pourroient estre formellement durs & ne pas resister à leur division: ce qui repugne. Car cela suppose que le repos des parties des corps durs & la resistance à leur division, sont deux choses qui peuvent estre separées, au lieu qu'elles sont inseparables, comme estant deux effets necessaires d'une mesme cause; sçavoir, de la pression de l'air, ou de la matiere subtile.

En quatriéme lieu, que l'Auteur dit d'un côté *que la dureté des corps est le repos de leurs parties,* & par consequent que la dureté est formellement dans les corps durs ; & que d'un autre côté il dit *que la dureté est une qualité sensible laquelle, selon luy, n'est pas formellement dans les choses, mais dans le sentiment, ou la perception qu'on a des choses.* Ce qui est encore une contradiction.

Le mot de *dureté* est équivoque. Tantôt il signifie la dureté qui est dans les corps durs; sçavoir, le repos de leurs parties, & la resistance à leur division causez par la pression des corps exterieurs; & tantost il signifie le *sentiment* que l'ame reçoit par la resistance que les corps durs apportent à leur division : ce qui ne repugne pas plus qu'il repugne qu'il y ait une lumiere, qui est une qualité qui reside formellement dans les corps lumineux, & qu'il y ait une autre lumiere, qui eſt une qualité qui rend l'ame formellement voyante, & qui ſe tient du côté de l'eſprit.

En cinquiéme lieu, que l'Auteur dit, qu'il n'y a rien de plus contraire au mouvement, qui ſeul pourroit ſéparer les parties des corps durs, que leur repos ; & qu'il dit immediatement aprés que ce n'eſt pas le repos des parties preciſément, mais la preſſion de l'air & de la matiere ſubtile qui empeſche la diviſion des corps : ce qui eſt encore contradictoire.

Il eſt vray que j'ay dit qu'il n'y a rien de plus contraire au mouvement, qui ſeul pourroit ſeparer les parties des corps durs, que le repos; & que j'ay ajouté immediatement aprés que ce n'eſt pas le repos des parties preciſément, mais la preſſion des corps exterieurs qui empeſche la diviſion des corps durs : mais il n'y a en cela aucune repugnance. Car comme il eſt tres conſtant d'un côté qu'il n'y a rien de plus oppoſé au mouvement que le repos, il eſt auſſi tres conſtant de l'autre que le repos des parties n'empeſche pas preciſément la diviſion des corps comme cauſe efficiente: Mais comme cauſe formelle. Or puiſque la cauſe formelle de la dureté dépend elle-meſme de la cauſe efficiente ; il eſt bien plus raiſonnable de dire que c'eſt la cauſe efficiente de la dureté, qui empeſche preciſément la diviſion des corps durs, que de dire que c'eſt la cauſe formelle, qui n'a aucune action d'elle-meſme.

On soutient encore que cette doctrine de la nature des corps durs & des corps liquides souffre plusieurs difficultez. La premiere est, que le mouvement des parties en tout sens, qu'on donne aux corps liquides, est plus propre à les endurcir qu'à les amollir ; car le mouvement des parties en tout sens les rend plus capables sans proportion de resister au corps qui les pousse, que ne feroit le repos des mesmes parties.

Ce raisonnement de M. du Hamel semble renfermer une contradiction : car de dire que le mouvement des parties en tout sens est plus propre à endurcir qu'à amollir ; c'est le mesme, si je ne me trompe, que de dire que le mouvement est plus propre à produire le repos, qu'à produire le mouvement ; ce qui paroît contradictoire.

La seconde est, que si le repos des parties l'une contre l'autre est la cause formelle qui fait les corps durs ; il s'ensuit que les parties de la matiere avant que d'estre muës & divisées dans la formation des trois Elemens de M. Descartes, l'ont renduë tres dure & tres solide ; car on ne peut pas nier que les parties de la matiere avant le mouvement ne fussent veritablement en repos.

Comme la matiere n'a point eu de parties avant que d'estre muë & divisée, les parties n'ont pas pû aussi la rendre solide & dure avant sa division. On ne peut pas dire non plus qu'avant le mouvement les parties de la matiere fussent en repos : car outre que la matiere n'a point eu de parties avant le mouvement; si le repos est une privation de mouvement, il repugne de dire que le repos a esté avant le mouvement; puisqu'il repugne que la privation d'une chose soit avant la chose dont elle est la privation. Et si le repos est quelque chose de réel, il dépend necessairement de quelque cause réelle, & par consequent de quelque force, comme je l'ay prouvé dans la Physique liv. 1. part. 2. chap. 7. d'où il s'ensuit que la matiere n'a point esté dure avant sa division, comme M. du Hamel la pretend.

La troisiéme est, qu'il y a deux choses à considerer dans les corps liquides, outre leur pesanteur; sçavoir, la disposition ou facilité au mouvement, & le mouvement mesme. Or il semble que la liquidité consiste essentiellement dans la disposition au mouvement, & non dans le mouvement mesme: parce que la fluidité consiste essentiellement en ce qu'il y a de premier dans les corps fluides. Or il est clair que la disposition au mouvement est premiere que le mouvement: donc, &c.

M. du Hamel confond mal à propos la liquidité avec la fluidité, car ce sont deux choses differentes: & quand il s'agit de la liquidité des corps, il n'est point question d'une liquidité potentielle, comme l'on parle dans l'école, ou d'une liquidité *in actu primo*; mais d'une liquidité actuelle *& in actu secundo*; c'est pourquoy la liquidité qui consiste dans la disposition ou simple facilité au mouvement n'est point celle que les vrais Philosophes demandent, c'est celle qui consiste dans le mouvement mesme.

CHAPITRE XVIII.
S'il y a des corps durs par eux-mesmes.

Les Epicuriens pretendent que si les premiers principes n'estoient pas solides par eux-mesmes, il seroit impossible qu'il se fist des corps durcs, comme sont le fer, les cailloux, les diamans, &c. parce que sans cela tous les corps seroient mus & faciles à diviser. Pour répondre à cela, je demande à Lucrece ce qu'il entend par les premiers principes ? S'il dit qu'il entend des atomes qui préexistent à la generation des choses, & dans lesquels tous les estres qui se corrompent, se resolvent : Je luy demande encore si ces atomes sont durs ou non ? S'ils sont durs, qu'il dise donc si leur dureté dépend d'un principe interieur, ou si elle dépend de quelque cause exterieure ? S'il dit qu'elle dépend d'un principe interieur : quel est donc ce principe ? S'il dit que c'est la nature mesme des atomes qui les rend durs & indivisibles ; je dis que cela ne peut estre, à cause que la nature des atomes est d'estre des quantitez ; & il a esté prouvé que toute quantité est de soy divisible. D'où il s'ensuit qu'un atome ne resiste pas à sa division de luy-mesme, & par consequent que la resistance qu'il fait à estre divisé, vient d'une cause exterieure.

Toutes les demandes de l'Auteur aboutissent à sçavoir, si toute quantité est de soy divisible, & si elle est facilement divisible par elle mesme ? A quoy on répond aisément que si l'Auteur confond la quantité avec l'étenduë, chaque quantité simple & contenuë sous une seule superficie est d'elle-mesme indivisible, suivant les principes d'Epicure. Il n'y a que la quantité ou étenduë composée & contenuë sous plusieurs superficies, qui soit divisible ; & par consequent toutes les premieres étenduës sont dures & solides par leur propre nature.

Il est vray que les demandes que je fais à Lucrece aboutissent à sçavoir, si la quantité est de soy divisible ? Mais elles n'aboutissent pas à sçavoir, si elle est facilement divisible ? Parce qu'il évident que le plus ou le moins de facilité à estre divisé, ne peut estre qu'un accident de la quantité : mais ce n'est point répondre à mes demandes que de dire, que si je confonds la quantité avec l'étenduë, chaque quantité simple & contenuë sous une seule superficie est d'elle-mesme indivisible : car je demande encore ce que c'est qu'une quantité simple & contenuë sous une seule superficie ? Si c'est une quantité spherique (car il n'y a point d'autre quantité qui soit contenuë sous une seule superficie,) il s'enfuit que tous les atomes d'Epicure sont ronds ; cependant il en admet de plusieurs autres figures : il admet donc des choses contraires à ses principes. Que si une quantité contenuë sous une seule superficie, est une quantité contenuë sous une seule figure, cette quantité n'est point indivisible ; car la figure quelque simple qu'elle soit, n'empesche pas qu'une quantité ne soit divisible par la moitié, par le tiers, par le quart, &c. Et il ne sert de rien de dire qu'il n'y a que la quantité contenuë sous plusieurs superficies qui soit divisible. Car il est aisé de répondre qu'une quantité contenuë sous plusieurs superficies n'est pas plus divisible qu'une quantité contenuë sous une seule. Il faut ajouter que quand les premieres étenduës seroient d'elles-mesmes indivisibles, il ne s'enfuivroit pas qu'elles fussent dures & solides ; car par des corps durs & solides, nous n'entendons pas des corps, dont les parties soient absolument inseparables (autrement il n'y auroit que les atomes qui fussent durs & solides ;) mais nous entendons des corps composez de plusieurs parties actuellement divisées, mais qui sont en repos les uns auprés des autres: c'est ainsi que le fer, les cailloux & les diamans sont durs.

Mais quand on supposeroit que toute quantité seroit composée d'une infinité d'autres plus petites, & qu'elle seroit divisible, cela n'empescheroit pas qu'elle ne fût dure & solide: car pour la dureté il n'est pas necessaire qu'une chose soit absolument indivisible, il suffit qu'elle ne puisse se diviser facilement ; c'est pourquoy ceux qui reconnoissent que tout corps est divisible à l'infiny, ne laissent pas d'admettre des corps durs par leur nature ; parce que ces corps sont difficiles à diviser, quoy qu'ils puissent estre absolument divisez.

M. du Hamel ne dit rien icy qui ne soit tres conforme à ce que nous venons de prouver. Car il est certain que pour la dureté il n'est pas necessaire qu'une chose soit absolument indivisible ; il suffit qu'elle ne puisse se diviser facilement : mais il conclut fort mal quand il assure que ceux mesme qui reconnoissent que tout corps est divisible à l'infiny, ne laissent pas d'admettre des corps durs par leur nature : car cela n'est point vray. Ils soutiennent au contraire que toute dureté estant accidentelle au corps, elle procede necessairement d'un cause exterieure.

Que si vous demandez à M. Descartes d'où depend cette difference à diviser les corps durs ? il ne répondra pas comme l'Auteur, *qu'elle depend de la pression de l'air de dehors en dedans* : mais *qu'elle consiste dans le propre repos des parties l'une contre l'autre*. Parce que, dit il, *on ne peut imaginer aucun ciment plus propre à joindre les parties des corps durs, que leur propre repos.* Par où il est clair que le repos des parties fait à l'égard des corps durs, ce que le ciment fait à l'égard des corps cimentez: Or les corps cimentez resistent veritablement à leur division par le ciment, quand me'me il n'y auroit aucune pression de l'air de dehors en dedans; & par consequent la dureté des corps ne dépend pas uniquement de l'air ou de quelque autre matiere qui comprime les parties des corps durs.

Toute la difference qu'il y a entre M. Descartes & moy, est que quand on demande à M. Descartes d'où vient cette difficulté à diviser les corps durs, il répond par la cause formelle de la dureté, qui est le repos des parties; & quand on me demande la mesme chose, je répons par la cause efficiente de la dureté, qui est la pression des corps exterieurs. Et il n'importe de dire que M. Descartes compare le repos des parties au ciment: car il ne veut pas dire pour cela, que le repos cause l'union des parties des corps durs, comme le ciment cause l'union des parties des corps cimentez: cela veut dire seulement que comme le ciment estant appliqué à certains corps, fait que ces corps ne peuvent estre separez que difficilement, à cause de l'étroite union qu'ils ont avec luy: de mesme les parties des corps durs estant appliquées les unes aux autres ne peuvent estre que difficilement separées, à cause que les corps exterieurs les pressent les unes contre les autres.

Icy notre Auteur entreprend de prouver que les corps ne font point liquides par le mélange des petits vuides, car si chaque atome étoit environné de vuides, il seroit incapable d'être diversement arrangé avec d'autres atomes, & par consequent de composer en differens temps des liqueurs diverses. Cette instance de l'Auteur est foible contre Lucrece, par plusieurs raisons. 1º. Parce que l'Auteur suppose que la diversité des liqueurs ne vient que du divers arrangement des atomes, & non de leurs differentes figures.

Je ne suppose point que la diversité des liqueurs ne vienne que du different arrangement des parties ; je prouve au contraire dans le quatriéme livre de la Physique part. 2. chap. 4. nomb. 2. *que nous ne pouvons fonder la diversité sensible qui paroit entre les liqueurs, que dans la difference naturelle qui est entre la grosseur & la figure de leurs parties.* Et si en disputant avec Lucrece, je n'ay pas fait mention de la figure des parties des liqueurs ; c'est que je ne les ay considerées que comme entourées de vuide, conformément à l'idée & à la supposition de ce Philosophe : d'où il s'enfuit que mon instance contre Lucrece est tres solide.

2º. Parce que l'Auteur pretend que si un atome touchoit un autre atome, il y tiendroit desforte qu'il n'en pourroit être separé : or cette pretention n'est pas juste; car ce n'est pas l'attouchement immediate, mais l'accrochement, qui rend les atomes difficiles à separer.

Il est vray que je pretends que si un atome touchoit un autre atome de sorte qu'il fût en repos auprés de luy, il n'en pourroit estre separé : mais je ne pretends pas qu'il n'en pût estre separé absolument : je pretends seulement qu'il n'en pourroit estre separé que par une force superieure à celle qui le tiendroit en repos contre l'autre atome. La raison est que pour separer un atome d'un autre auprés duquel il est en repos, il le faut faire mouvoir ; & pour le faire mouvoir, il faut une force qui soit superieure à celle qui le tenoit en repos. Au reste je ne nie pas que l'accrochement ne rende les atomes plus difficiles à separer : mais je soûtiens qu'il n'est pas la seule cause de la resistance que les atomes apportent à leur division.

Et quand l'Auteur dit en cet endroit, *qu'une partie de chaque atome ne peut estre separée des autres*, parce qu'elle les touche immediatement, il suppose deux choses. La premiere, que chaque atome ait des parties. La seconde, que les parties de chaque atome ne puissent estre separées, parce qu'elles se touchent immediatement : ce qui seroit encore faux quand il y auroit plusieurs parties dans le mesme atome ; parce qu'il est faux que ce soit l'attouchement de deux corps qui les rende inseparables, ainsi qu'il vient d'estre observé.

Je ne suppose rien de faux, quand je dis qu'une partie d'un atome ne peut estre separée des autres, parce qu'elle les touche immediatement: car il n'est pas faux absolument parlant, que les atomes ayent des parties; il suffit que les atomes soient des quantitez, c'est à dire des corps considerez selon quelque grandeur, pour avoir des parties si non integrantes, au moins aliquotes ou aliquantes, estant impossible qu'il y ait un atome, dont on ne puisse prendre la moitié, le tiers ou le quart: c'est pourquoy si l'atome n'est pas continuellement divisé en de nouvelles parties; ce n'est pas qu'il soit indivisible de sa nature, mais c'est que la compression des corps exterieurs l'empesche d'estre divisé.

Pour reduire la question de la dureté des corps à des termes precis, on demande à l'Auteur si tout repos des parties des corps durs resiste positivement & veritablement à la division; ou bien s'il y a quelque repos qui soit facile & aisé à troubler? S'il répond que tout repos des corps resiste veritablement à la division, il est évident que la pression de l'air n'est tout au plus qu'une cause éloignée de cette resistance à la division, & partant qu'elle ne doit point entrer dans la définition de la dureté des corps. Et s'il répond qu'il y a certain repos des corps qui est aisé à troubler; c'est dans ce repos & non pas dans le mouvement actuel, que consiste la fluidité des corps.

J'accorde premierement à M. du Hamel

que le repos des parties des corps durs resiste positivement & veritablement à la division; mais je nie qu'il s'ensuive delà que la pression des corps exterieurs ne soit tout au plus que la cause éloignée de cette resistance à la division : car au contraire elle en est la veritable cause efficiente immediate; dont la raison est que quand on parle des causes immediates & éloignées, c'est toujours des causes efficientes qu'on parle, & non des causes formelles. J'accorde en second lieu, que c'est dans le repos qui est aisé à troubler, que consiste la fluidité des corps, par exemple, la fluidité d'un tas de bled, de farine, de cendres, &c. Mais il y a une grande difference entre la fluidité & la liquidité. La fluidité consiste en ce que les parties des corps fluides sont faciles à mouvoir, comme celles d'un tas de bled, de farine, ou de cendres; & la liquidité consiste en ce que les parties des corps liquides se meuvent actuellement en tout sens, comme je l'ay démontré dans la Physique livre 4. part. 2. chap. 7. nomb. 4.

Ceux qui conçoivent le repos comme un estat positif, ainsi que les Cartesiens le considerent, ne peuvent raisonner consequemment, s'ils ne disent que tout repos des corps resiste positivement & veritablement à leur division : d'où il s'ensuit que la pression de l'air ou de la matiere subtile comprimant exterieurement les corps durs, ne fait qu'ajouter une nouvelle difficulté à la division. L'idée du repos comme d'une modification negative est plus conforme à la verité, & mesme aux autres principes des Cartesiens, que l'idée du repos comme d'une modification positive ; parce que la matiere d'elle mesme & par elle mesme n'a aucune modification positive : or la matiere d'elle-mesme & par elle-mesme a le repos, conservant toujours son mesme lieu interne, en sorte que le repos luy est comme essentiel, ne pouvant estre mué d'aucune espece de mouvement, ainsi que les Cartesiens l'enseignent. Deplus, la matiere consideree en ses parties, a d'elle-mesme & par elle-mesme le repos, à moins qu'elle ne soit muë par une cause estrangere, puisque consideree dans ses parties, elle a d'elle-mesme & par elle mesme le voisinage des autres parties qu'elle conserve ; & par consequent la matiere a d'elle-mesme & par elle-mesme le repos. Le repos donc n'est pas une modification positive de la matiere.

Les Cartesiens qui conçoivent le repos comme un état positif, disent consequemment à leurs principes, que tout repos des corps resiste positivement à leur division comme cause formelle ; mais il ne s'ensuit pas delà que la pression de l'air ou de la matiere subtile ne fasse qu'ajouter une nouvelle difficulté à leur division. Car au contraire elle la produit toute entiere comme cause efficiente, au moins dans les corps dont les parties ne sont pas crochuës : ainsi que je l'ay dit cent fois, sans que M. du Hamel ait jamais voulu comprendre la difference qui est entre la cause formelle & la cause efficiente de la dureté. Quant à ce qu'il dit que le repos est comme essentiel à la matiere consideree selon son immensité, à cause qu'elle ne peut estre muë par aucune force de mouvement, cela n'est pas vray : car outre que la matiere est de soy indifferente au mouvement & au repos, & par consequent que le mouvement & le repos sont des accidens de la matiere ; le mouvement ny le repos n'ônt aucun rapport au lieu interne des corps, comme je l'ay prouvé dans la Physique livre premier part. 1. chap. 4. & chap. 1. Pour la matiere consideree dans ses parties, elle est en repos si elle n'est muë par aucune cause ; mais elle n'y est pas d'elle-mesme ny par elle-mesme, mais par une cause étrangere. En effet la matiere consideree dans ses parties ne conserve pas d'elle-mesme ny par elle-mesme le voisinage des autres parties, elle le conserve seulement par accident ; d'où il s'ensuit que cette conservation du voisinage des corps dépend necessairement d'une cause étrangere ; & par consequent le repos qui consiste dans le voisinage des mesmes parties n'est pas une modification negative, comme le pretend M. du Hamel, mais une modification tres positive, comme l'enseigne M. Descartes.

Au reste on ne peut dire quelle idée du repos a eu nôtre Auteur. Car s'il avoit eu l'idée du repos comme d'une modification positive, il auroit dû admettre une resistance positive dans les corps durs, à cause du repos de leurs parties les unes contre les autres, laquelle fût intrinseque aux corps durs Cependant il rejette toute resistance positive qui soit intrinseque aux corps, & enseigne formellement que les corps d'eux mesmes ne resistent aucunement à leur division, & que cette resistance ne peut venir que d'une cause étrangere.

Je declare que j'ay l'idée du repos comme d'une modification tres positive; & que j'admets aussi dans les corps durs une resistance intrinseque, tres positive à cause du repos des parties. C'est pourquoy M. du Hamel a tort de dire que je rejette toute resistance positive qui soit intrinseque; car je ne la rejette point : mais je soutiens que cette resistance positive qui est formellement dans les corps durs, procede de la pression des corps exterieurs comme de sa cause efficiente, *& du repos des parties* comme de sa cause formelle.

CHAPITRE XIX.

De l'aiman.

On peut proposer dans ce Chapitre huit difficultez contre la maniere dont M. Descartes explique les proprietez de l'aiman. La premiere, est que M. Descartes rend bien raison pourquoy l'aiman attache fortement ses deux poles aux poles du monde, c'est à dire au Midy & au Septentrion; mais qu'il ne rend pas raison pourquoy l'aiman attache fortement son meridien au meriden du monde.

Il est vray que M. Descartes en expliquant la direction de l'aiman vers le Nord & vers le Sud, n'a point fait mention de la raison par laquelle l'aiman attache fixement son meridien au meridien du monde : mais aussi il n'a pas cru en devoir faire. La raison est que cette derniere direction dépend necessairement de la premiere : car il est impossible que les poles d'un aiman conviennent avec les poles du monde, sans que le meridien du mesme aiman convienne avec le meridien du monde.

La seconde est, que si la matiere canelée pouvoit entrer par le mesme pole par lequel elle sort, elle ne feroit pas tourner l'aiman vers les poles du monde. Or elle y peut rentrer, pourvû qu'elle tourne à contre sens ; & elle doit estre déterminée à tourner ainsi, parce qu'elle ne trouve pas dans l'air un écrou propre à continuer son mesme tournoyement, ny à continuer son mouvement droit.

La matiere canelée ne peut rentrer par le mesme pole, par lequel elle vient de sortir; parce que pour y rentrer, il faudroit qu'elle changeât son tournoyement; & M. du Hamel ne peut assigner aucune cause qui le luy fasse changer : parce qu'en effet il n'y en a point qui soit propre à cela.

La troisiéme est, que quand cette matiere canelée sortant par un pole de l'aiman, ne pourroit pas rentrer par le mesme en changeant de tournoyement ; elle pourroit neanmoins entrer par le mesme en changeant de figure. Or on peut supposer que cette matiere change de figure, parce qu'elle est molle & flexible.

La matiere canelée ne peut point changer de figure : car ses parties ne sont ny molles ny fluides, telles que M. du Hamel les suppose : elles sont plutôt dures à cause qu'elles sont composées des parties les plus grossieres du premier Element, tellement comprimées par les plus subtiles, qu'elles ne peuvent se separer que difficillement.

La quatriéme est, que M. Descartes suppose que les parties canelées, qui sortent par un pole de l'aiman, continüent quelque peu leur mouvement en ligne droite, avant que l'air les puisse détourner ; ce qui ne s'accorde pas avec les regles generales des refractions.

Lorsque M. Descartes a dit que les parties canelées, qui sortent par un pole de l'aiman, continuent quelque peu leur chemin en ligne droite, il n'a entendu parler à la rigueur que des parties canelées qui passent par l'axe d'un aiman spherique : & il n'y pas ignoré que toutes les autres parties en sortant de l'aiman s'éloignent de la perpendiculaire: mais comme leur détour est peu considerable au commencement, il n'a pas laissé de parler de leur mouvement comme si elles le continuoient en ligne droite; ce qui ne cause aucun changement dans l'explication de M. Descartes, quoyque M. du Hamel dise que cela la détruit.

La cinquiéme est, que si les parties canelées continuent quelque peu dans l'air leur mouvement en ligne droite; aprés estre sorties de l'aiman elles le doivent continuer suivant la mesme détermination pendant qu'elles se mouvront, sans jamais se reflechir vers le pole opposé.

Quoy que les parties canelées continuent quelque peu leur mouvement en ligne droite, il ne s'ensuit pas qu'elles ne se doivent jamais reflechir; car rien n'empesche qu'un corps qui se meut en ligne droite, ne se détourne s'il rencontre quelque obstacle en son chemin. Or la matiere canelée rencontreroit plus d'obstacle en son chemin, si elle se mouvoit en ligne droite dans l'air, qu'elle n'en rencontre en s'y mouvant circulairement; donc elle doit se détourner. La mineure de cet argument est prouvée dans la Physique livre 4. partie 3. chap. 8. nomb. 9.

La sixiéme est, que dans l'Hypothese de M. Descartes, les parties canelées estant sorties par un pole de l'aiman, la pluspart retournent vers l'autre côté de cet aiman, par lequel elles entrent dere-chef & font une espece de tourbillon: ce qui ne peut estre, à cause que l'air ne resiste pas moins au mouvement circulaire des parties canelées qu'au mouvement droit.

La solution de cette difficulté dépend des mesmes principes que celle de la difficulté precedente; c'est pourquoy il seroit inutile de s'y arrêter davantage.

La septiéme, que quand mesme les parties canelées feroient un tourbillon autour de l'aiman, elles ne rentreroient jamais dans ce mesme aiman; parce que pour y rentrer il seroit necessaire qu'elles s'en approchassent aprés s'en estre éloignées : or elles ne pourroient jamais s'en approcher, mais au contraire elles devroient de plus en plus s'en éloigner par la regle de M. Descartes, suivant laquelle *tout corps qui se meut en rond, tend à se mouveir en ligne droite*, & par consequent à s'éloigner du centre du mouvement.

Les parties canelées s'approchent de l'aiman aprés s'en estre éloignées ; mais elles ne s'en approchent que parce qu'elles y sont forcées par la rencontre des parties de l'air qui s'opposent à leur mouvement en ligne droite. Ce qui ne repugne aucunement à la regle de M. Descartes, *que tout corps qui se meut en rond tend à se mouvoir*

mouvoir en ligne droite, & à s'éloigner du centre du mouvement. Car il est tres vray que les parties canelées, lors mesme qu'elles sont forcées à se mouvoir circulairement, & qu'elles se meuvent ainsi, tendent toujours à se mouvoir en ligne droite; & elles s'y mouvroient en effet, si rien ne les en empeschoit.

La huitiéme & derniere est, que quand la matiere canelée feroit un tourbillon autour de l'aiman, & qu'elle s'en approcheroit pour y rentrer, elle ne pourroit jamais y rentrer à moins qu'elle ne presentât le mesme bout qu'elle a presenté en entrant la premiere fois. Or il est difficile que la matiere canelée presente toujours le mesme bout : donc l'Hypothese de M. Descartes touchant l'explication des proprietez de l'aiman, est fausse.

La matiere canelée en entrant derechef dans l'aiman, presente le mesme bout qu'elle a presenté la premiere fois qu'elle y est entrée, par la mesme raison qu'elle se détourne de la ligne droite pour se mouvoir circulairement ; c'est à sçavoir, parce qu'elle trouve plus de facilité à se mouvoir en presentant ce bout que si elle presentoit l'autre ; & quelque peine qu'ait M. du Hamel à le concevoir, cela ne prouve pas que la chose ne soit ainsi. Donc l'explication de M. Descartes, touchant les proprietez de l'aiman, n'est pas fausse ; ou si

K

elle l'est, ce n'est pas par les raisons que M. du Hamel en apporte.

CHAPITRE XX.

De l'ame des bestes.

J'ay dit dans la Physique livre 7. Chapitre 17. nomb. 1. Que quoy qu'en expliquant les fonctions des animaux, je n'aye fait aucune mention de leur ame; & qu'au contraire j'aye attribué toutes leurs actions au seul arrangement des parties, à la chaleur du sang, & à la force des esprits animaux ; mon dessein n'a pas esté pourtant de leur refuser ny la vie, ny le sentiment, ny même de leur ôter une ame; pourveu toutesfois que par l'ame des bestes on n'entende qu'une ame, qui consiste dans le sang, ou plutôt qui n'est que le sang mesme, & principalement ses plus subtiles parties qui composent les esprits animaux : Que par la vie des bestes on n'entende que celle qui consiste dans la chaleur du sang & dans la convenable disposition de leurs parties. Et enfin que par le mot de sentiment des bestes, on n'entende que celuy qui se fait par le seul mouvement des organes corporels. J'ajoûte dans le nomb. 2. qu'il n'est rien de plus déraisonnable que d'attribuer aux bestes une ame qui soit une substance réellement distincte du corps, & qui neanmoins ne puisse exister hors du corps; car c'est la mesme chose que dire que l'ame des bestes est une substance & un mode. Une substance par la supposition; & un mode, parce qu'elle a besoin d'un sujet pour exister : ce qui repugne. Je dis dans le troisiéme nombre que je ne puis souffrir qu'on dise que l'ame des bestes est une substance distincte du corps, mais d'une nature differente de l'ame humaine; car on ne peut avoir aucune idée d'une telle ame, estant impossible à l'esprit humain de concevoir rien qui ne soit corps ou esprit, ou mode du corps ou de l'esprit; & qu'il est honteux à des Philosophes d'admettre pour vrayes des choses dont ils n'ont aucune idée. Je dis dans le nombre quatriéme, que quant à ceux qui pretendent que l'ame des bestes est une veritable substance qui pense, qui est distincte du corps, & qui peut exister hors du corps; il est vray que tandis que les bestes ne parleront pas, ils n'auront aucune raison évidente pour nous convaincre de la verité de leur opinion : mais nous avoüons aussi que nous n'avons aucune preuve certaine pour détruire absolument leur sentiment; & par consequent que si nous preferons le nôtre au leur, ce n'est que pour ne nous pas rendre responsables des consequences de leur opinion, qui sont, par exemple, que l'ame des bestes est immortelle, qu'elle pense, qu'elle veut, qu'elle aime, &c. car quoyque peut-estre cette ame pense moins parfaitement que l'ame humaine; elle ne laissera pas pourtant d'estre de mesme nature, parce que le plus & le moins ne regardent que les accidens, & ne changent point du tout la nature des choses. C'est pourquoy quelque penchant que nous puissions avoir à donner aux bestes une ame distincte du corps, nous aimons mieux suspendre notre jugement à cet égard.

Avant que de reflechir sur cette doctrine, & sur les principes dont l'Auteur se sert pour l'appuyer, on luy demande comment il peut avoir un si grand penchant à donner aux bestes une ame distincte du corps, après avoir dit expressément qu'il n'est rien de plus déraisonnable que d'attribuer aux bestes une ame distincte du corps: après avoir expressément dit, qu'il ne peut souffrir qu'on dise que l'ame des bestes est distincte du corps: après avoir expressément dit, qu'il est honteux à des Philosophes d'admettre dans les bestes une ame distincte du corps, dont ils n'ont aucune idée? On luy demande, dis-je, si un penchant à embrasser & à prendre un party si déraisonnable, si insupportable & si honteux, ne doit pas estre déraisonnable, insupportable & honteux luy-mesme. S'il dit que son penchant est de donner aux bestes comme Pytagore, une ame distincte du corps qui soit immortelle; il est clair que ce penchant est plus déraisonnable, plus insupportable & plus honteux que celuy de leur donner comme les *de M. du Hamel. Part. 1.*

Scolastiques, une ame distincte du corps, qui soit materielle & mortelle.

Avant que de répondre à la premiere demande de M. du Hamel, il faut s'arrêter un peu à considerer que les Philosophes ont eu trois differentes opinions sur l'ame des bestes. Les uns ont donné aux bestes une ame qui est une substance distincte du corps, & qui peut exister hors du corps. Telle est l'ame que les Pytagoriciens ont donnée aux bestes, de laquelle j'ay parlé dans le quatriéme nombre. Les autres ont admis dans les bestes une ame, qui ne consiste que dans la chaleur de leur sang, & dans la convenable disposition de leurs parties organiques: telle est l'ame que les Epicuriens donnent aux bestes; & c'est de celle-là dont j'ay parlé dans le premier nombre; & les autres enfin admettent dans les bestes une ame, qui est une veritable substance, réellement distincte du corps, mais qui ne peut exister hors du corps: telle est l'ame que les Peripateticiens mettent dans les bestes, de laquelle j'ay parlé dans le second & troisiéme nombres. Cela posé, je répons à la premiere demande, que je puis sans aucune repugnance avoir du penchant à donner aux bestes une ame distincte du corps, telle que Pytagore la leur a donnée: aprés avoir dit expressément, qu'il n'est

K iij

rien de plus déraisonnable que d'attribuer aux bestes une ame qui soit réellement distincte du corps, & qui ne puisse exister hors du corps, telle qu'est l'ame que les Peripateticiens leur attribuent. Je puis encore sans repugnance avoir le mesme penchant, aprés avoir expressément dit, qu'il est honteux à des Philosophes d'admettre dans les bestes une ame distincte du corps, dont ils n'ont aucune idée; car cela s'entend encore de l'ame que les Peripateticiens donnent aux bestes. Et il n'importe de dire que le penchant que j'ay de donner aux bestes, comme Pytagore, une ame distincte du corps qui soit incorporelle, est beaucoup plus déraisonnable, plus insupportable, & plus honteux que celuy de leur donner, comme les Scolastiques, une ame distincte du corps, qui soit materielle & mortelle : Car je soutiens au contraire, que ce dernier est le seul déraisonnable, le seul honteux, & le seul insupportable : dont la raison est, que je puis à la faveur des idées que j'ay de l'ame des bestes, lorsque je la conçois comme les Pytagoriciens, me garentir de l'erreur où mon penchant pourroit me porter : au lieu que ceux qui n'ont point d'idée de cette ame, comme les Scolastiques, bien loin de pouvoir s'affranchir de l'erreur où ils sont, se precipitent au contraire tous les jours dans de nouvelles ; sans qu'ils puissent s'en empescher. La méprise de M. du Hamel vient donc de ce qu'il confond les ames que les Pytagoriciens & les Peripateticiens attribuent aux bestes ; ne prenant pas garde que ces ames estant totalement distinctes, je puis sans repugnance avoir du penchant à recevoir celles des Pytagoriciens, & dire expressément que je ne puis souffrir celles des Peripateticiens.

On luy demande en second lieu, comment il peut suspendre son jugement sur l'ame des bestes, après avoir jugé qu'il est tres déraisonnable, tres insupportable, & tres honteux de l'admettre.

Je ne fais rien de déraisonnable, d'honteux, ny d'insupportable (pour me servir des termes de M. du Hamel,) de suspendre mon jugement à l'égard de l'ame, que les Pytagoriciens ont donnée aux bestes ; après avoir jugé qu'il est tres déraisonnable d'admettre celle que les Peripateticiens leur attribuent. La raison est, que d'un côté je ne suis pas convaincu que les bestes ayent une ame comme celle que Pytagore leur donne ; la foy mesme m'assurant qu'elles ne l'ont pas : & de l'autre la raison me fait clairement voir que l'ame que les Peripateticiens donnent aux bestes, est une pure chimere. Cette méprise de M. du Hamel, vient du mesme principe que la precedente.

La premiere reflexion qu'on fait sur la doctrine de l'Auteur est, que s'estant proposé ailleurs de nier après M. Descartes, l'ame, la vie, & le sentiment aux bestes, il a neanmoins admis toutes ces choses ; & que non seulement il a suivy l'opinion de Lucrece & de Gassendy ; mais encore il s'est servy de leurs propres termes, en disant, *que l'ame des bestes consiste dans le sang, & particulierement dans les plus subtiles parties qui composent les esprits animaux* : car jamais Lucrece ny Gassendy n'ont parlé autrement ; d'où il s'ensuit qu'il a abandonné le party de Mr. Descartes pour suivre le leur : ce qui se confirme, parce qu'en effet il ne propose aucune raison qui combatte l'opinion de Lucrece & de Gassendy sur l'ame des bestes, mais seulement celle des Peripateticiens ou des Scolastiques.

Il est vray que mon opinion, touchant l'ame des bestes, ne differe en rien de celle de Lucrece & de Gassendy ; mais elle en est tout à fait differente touchant l'ame humaine, laquelle Lucrece & Gassendy veulent estre semblable à l'ame des bestes : ce que les Cartesiens leur nient. M. du Hamel a donc raison de dire que je ne propose aucune preuve qui combatte l'opinion de Lucrece & de Gassendy touchant l'ame des bestes : mais il n'en auroit pas de dire que je n'apporte aucune preuve qui combatte leur opinion touchant l'ame humaine, en quoy consiste tout le different qui est entre les Cartesiens & Lucrece, celuy-cy voulant que l'ame de l'homme ressemble à celle des bestes, & ceux-là voulant qu'elle soit d'une nature totalement differente.

En second lieu, quand l'Auteur demande si l'ame des bestes est une substance incomplete en elle-mesme, ou seulement par rapport au tout qu'elle compose; Lucrece & Gassendy luy répondent aisement que l'ame des bestes est seulement incomplete par rapport au tout qu'elle compose; parce que les esprits animaux sont des substances, qui sont seulement incompletes par rapport à l'animal qu'elles composent. Et quand l'Auteur dit que si l'ame des bestes est une substance complete en soy, elle est par consequent incorruptible; il ne dit rien qui ne soit évidemment faux & contre luy-mesme. Car les esprits animaux, selon tous les Philosophes, sans en excepter l'Auteur, sont des substances completes en soy : cependant on ne peut pas dire qu'elles soient incorruptibles & immortelles.

Lucrece & Gassendy répondent fort juste, en disant que l'ame des bestes n'est incomplete que par rapport au tout qu'elle compose; parce que les esprits animaux sont des substances qui sont seulement incompletes par rapport à l'animal qu'elles composent. Mais quand je soutiens que si l'ame des bestes est une substance complete en soy, elle est par consequent incorruptible, M. du Hamel n'a pas raison de dire que cela est évidemment faux; parce que

K v

les esprits animaux, selon moy-mesme, sont des substances completes en soy; & que cependant on ne peut pas dire qu'elles soient incorruptibles. Car je demeure d'accord que les esprits animaux, entant que corps, sont des substances completes en soy : mais je soutiens aussi qu'à cet égard ils sont incorruptibles; de sorte que si les esprits animaux se corrompent, ce n'est pas entant qu'ils sont des corps & par consequent des substances completes en soy, mais entant qu'ils sont des estres modaux, c'est à dire des estres dont l'essence consiste dans des modifications. Or c'est ce que M. du Hamel ne s'est pas voulu donner la peine de distinguer.

En troisiéme lieu, quand l'Auteur ajoûte qu'il ne peut souffrir qu'on asseure que l'ame des bestes est une substance distincte des corps, mais d'une nature differente de l'ame humaine, il ne dit encore rien contre Lucrece & Gassendy; parce que ces Philosophes n'admettent point dans les bestes une ame distincte du corps generalement parlant, mais seulement du corps grossier; ce qui n'empesche pas qu'ils ne disent l'un & l'autre qu'elle est d'une nature differente de l'ame humaine.

Quand je dis que je ne puis souffrir qu'on dise que l'ame des bestes est une substance distincte du corps, mais d'une nature differente de l'ame humaine, il est vray que je ne dis rien contre Lucrece & Gassendy, parce que ces Philosophes n'admettent point dans les bestes une ame distincte du corps generalement parlant : mais je soutiens contre Lucrece que selon ses principes il n'a pas raison de dire que l'ame des bestes est d'une nature differente de l'ame humaine, puisque l'ame des bestes & l'ame humaine sont, selon luy, des corps qui ne different entr'eux que par la subtilité, ou par la grosseur & mouvement de leurs parties. Quant à Gassendy, il est vray qu'il soutient que l'ame humaine est veritablement spirituelle & incorporelle : mais il ne s'ensuit pas delà qu'il en ait aucune idée ; car il est certain qu'il n'admet cette ame qu'à cause que la foy l'y oblige.

On soutient de plus que l'Auteur ne prouve par aucune raison solide que l'ame des bestes ne soit pas une forme substantielle, distinguée réellement de la matiere au sens des Scolastiques. Il objecte qu'il y a contradiction à dire que l'ame des bestes soit distinguée réellement de la matiere, & que neanmoins elle ne puisse exister sans la matiere. Mais les Peripateticiens répondent qu'il n'y a en cela aucune contradiction : car quoy qu'une chose soit réellement distinguée de l'autre, il ne s'ensuit pas qu'elle puisse exister sans elle, lors qu'elle en dépend, soit d'une dépendance de connexion, ainsi qu'un relatif dépend de son correlatif ; soit d'une dépendance de causalité, ainsi qu'un estre dépend de sa cause : d'où il s'ensuit que quoyque l'ame des bestes soit réellement distinguée de la matiere, elle ne peut neanmoins exister sans elle, parce qu'elle dépend de la matiere, comme du sujet qui la souftient.

J'ay raison de dire qu'il repugne que l'ame des beftes soit diftinguée réellement de la matiere, & que neanmoins elle ne puisse exifter fans la matiere: car il ne s'agit pas icy d'une dépendance de connexion, ou de caufalité; il eft feulement queftion d'une dépendance de fujet, qui eft telle, qu'il eft impoffible que ce qui dépend d'un fujet pour exifter, foit réellement diftinct de ce fujet; il n'en eft diftinct que modalement.

Quand l'Auteur demande fi l'ame des beftes eft incomplete ou complete en elle-mefme, les Peripateticiens répondent qu'elle eft une fubftance incomplete en elle-mefme & de fa nature, parce que d'elle-mefme & de fa nature, elle exige d'informer & d'animer le corps des beftes: & quant à ce que l'Auteur infere, que fi elle eft incomplete en elle-mefme, elle n'eft pas une fubftance; on luy nie cette conféquence: parce que l'ame raifonnable eft incomplete en elle-mefme, & par cette raifon diftinguée d'un Ange: neanmoins l'ame raifonnable ne laiffe pas d'eftre une fubftance.

Par une chofe complete en elle-mefme, on entend une chofe qui eft tout ce qu'elle eft indépendamment de toute autre chofe exterieure : & par une chofe incomplete en elle-mefme, on entend au contraire une chofe dont toute la nature confifte dans un rapport exterieur. Par exemple, un chapeau eft une chofe complete & incomplete en elle-mefme à divers égards. Il eft une chofe complete en elle-mefme, lors qu'on le confidere fimplement comme un corps, parce qu'à cet égard il exifte en luy mefme, & fa nature eft indépendante de toute autre chofe exterieure : & il eft une fubftance incomplete en elle-mefme, fi on le regarde comme un corps particulier, qui de fa nature exige de couvrir la tefte d'un homme; car à cet égard la nature du chapeau dépend de l'homme, dont il exige naturellement de couvrir la tefte. Or cela pofé, je dis que quand les Peripateticiens répondent que l'ame des beftes eft incomplete en elle-mefme, parce qu'elle exige d'informer le corps des beftes, cela fignifie proprement que l'ame des beftes eft incomplete en elle-mefme par rapport au corps des beftes; mais cela ne veut pas dire qu'elle ne foit tres complete en elle-même, fi on la confidere fans aucun rapport au corps des beftes, ny par confequent qu'elle ne foit immortelle, felon les principes des Peripateticiens. La comparaifon qu'on fait de l'ame des beftes avec l'ame raifonnable eft tout à fait inutile. L'ame raifonnable n'eft point incomplete en elle-mefme ; elle eft feulement incomplete par rapport au corps de l'homme. Et il n'importe de dire qu'elle exige d'elle-mesme d'estre unie à ce corps; car il ne s'ensuit pas delà qu'elle ne soit tres complete en elle-mesme; par la mesme raison que quoyque le chapeau exige naturellement de couvrir la teste d'un homme, cela n'empesche pas qu'il ne soit une chose tres complete en elle-mesme, entant qu'il est un corps, dont la nature & l'existence sont indépendantes de tout autre estre créé.

On convient qu'il est de l'essence d'une substance d'exister en soy, si par exister en soy, on entend exister d'une existence plus solide, & plus ferme que n'est celle des modes; mais non pas si par exister en soy on entend exister pour soy, & sans relation essentielle à faire une autre substance, en informant & animant les corps: autrement l'ame raisonnable ne seroit pas une substance. Or l'ame des bestes existe en soy, c'est à dire existe d'une existence plus solide & plus ferme que n'est celle des modes; parce que l'ame des bestes leur est la premiere raison d'exister & d'agir; au lieu que les modes ne sont au plus que la seconde.

Les substances ne different pas des modes precisément, parce que l'existence des substances est plus ferme & plus solide que celle des modes: mais parce que les modes existent dans les substances, & ne peuvent exister hors d'elles; & que les substances n'existent pas dans les modes, mais dans elles-mesmes; ce qui fait la vraye difference qui est entre les modes & les substances. Or je nie que l'ame des bestes existe en soy, c'est à dire qu'elle ne reside dans aucun sujet. Je nie aussi que l'ame des bestes soit leur premiere raison d'agir, & que les modes ne soient tout au plus que la seconde : car il est certain que les modes & l'ame des bestes ne sont distinguez que d'une distinction de raison.

Que si l'Auteur demande aux Peripateticiens si l'ame des bestes est materielle ou spirituelle, ils répondent qu'elle est materielle : s'il dit qu'elle ne peut estre materielle, à moins qu'elle ne soit matiere, ils répondent qu'elle est matiere, si par matiere on entend tout ce qui est opposé à l'esprit; mais qu'elle n'est pas matiere, si par matiere on entend ce qui est opposé à la forme.

Quand je demande aux Peripateticiens si l'ame des bestes est materielle ou spirituelle, je demande precisément si elle est un corps, ou un mode de corps; ou bien si elle est un esprit, ou un mode de l'esprit; car elle est necessairement l'un ou l'autre. S'ils disent qu'elle est spirituelle, cela veut dire qu'elle est un esprit, ou un mode de l'esprit, & ainsi ils tombent sans y penser dans le sentiment de Pytagore : Et s'ils disent qu'elle est materielle, cela veut dire qu'elle est un corps, ou un mode du corps, ou bien tous les deux ensemble ; ce qui revient à ma definition, qui est que l'ame des bestes consiste dans la convenable disposition de leurs parties organiques.

CHAPITRES
AUSQUELS IL N'A PAS esté repondu dans la premiere Partie, & dont il est parlé dans la Preface.

CHAPITRE PREMIER.

Du doute que les Cartesiens exigent pour la recherche de la verité.

MR. Descartes commence sa Methode par cette regle generale; sçavoir, *qu'il faut douter & tenir pour faux tout ce que nous avons cru le plus certain & le plus évident; parce que les sens sont trompeurs; que pendant le sommeil nous pensons sentir plusieurs choses qui ne sont point; &c.* d'où notre Auteur conclud que pour acquerir des connoissances certaines, il faut mettre à l'examen generalement tout ce qui est entré dans l'esprit.

Je ne desavouë point la consequence que j'ay tirée du principe de M. Descartes; mais je nie qu'il ait commencé sa Methode par cette regle generale, *qu'il faut douter & tenir pour faux tout ce que nous* avons cru le plus certain & le plus evident. Il a dit seulement dans la premiere partie des principes nombre 2. & dans la seconde Medit. nomb. 1. *qu'il faut douter des choses evidentes, & tenir pour fausses les incertaines.* Or cela est fort different, comme je l'ay déja fait remarquer dans la réponse à la censure de la philosophie Cartesienne page 3. lettre *a*.

CHAPITRE II.

Si le doute des Cartesiens est serieux, effectif & absolu.

J'ay dit dans le premier chapitre de la censure de la philosophie Cartesienne art. 1. lettre *a*. que quand M. Descartes a enseigné qu'il faloit douter de toutes choses, il n'a pas entendu parler d'un doute serieux & effectif, qui vient de ce que les choses ne se manifestent pas assez à l'esprit ; mais d'un doute hypotetique, c'est à dire d'un doute que nous feignons à l'égard mesme des choses qui sont evidentes, pour avoir lieu d'examiner de nouveau les raisons que nous avons de croire qu'elles sont evidentes.

Il est clair que M. Descartes entend sa regle generale d'un doute veritable, effectif & absolu. 1. Parce que les raisons qu'il apporte pour fonder son doute, & particulierement celle qui est prise, *de ce que nous ne sçavons pas si nous ne sommes point tels de notre nature, que nous nous trompions toujours dans les choses evidentes*, prouve que nous devons douter veritablement & essentiellement, ou ne prouve rien.

M. Descartes n'a jamais douté serieusement si nous estions tels de notre nature que nous nous trompassions toujours ; il a seulement feint d'en douter, pour avoir lieu d'examiner de nouveau si les raisons qu'il avoit d'admettre pour vray ce qui luy paroissoit evident, estoient solides. Ainsi le motif de douter qu'il a tiré *de ce que nous ne sçavons pas*, ou pour mieux dire de ce que nous feignons de ne pas sçavoir, *si nous sommes tels de notre nature que nous nous trompions toujours*, prouve bien quelque chose : car il prouve que nous devons examiner de nouveau les choses mesme evidentes ; mais il ne prouve pas que nous devions douter serieusement de tout, comme M. du Hamel le pretend.

2 Parce qu'il est impossible de douter d'un doute feint & hypothetique, quand on agit & qu'on traite avec soy mesme : on ne peut feindre de gayeté de cœur, ny mentir à soy-mesme. Or quand il s'agit d'acquerir des connoissances certaines par le moyen du doute, nous agissons & nous traitons avec nous mesmes.

M. du Hamel ne sçauroit prouver qu'il

soit plus difficile de douter d'un doute feint & hypotetique, lors qu'on agit ou qu'on traite avec soy-mesme, que lors qu'on agit ou qu'on traite avec d'autres: il semble au contraire que ce n'est que quand on agit ou *qu'on traite avec soy-mesme, qu'on peut douter hypotetiquement.* Car comme le doute hypotetique est purement arbitraire, on n'a aucun droit d'obliger les autres à douter hypotetiquement, s'ils ne veulent le faire.

3. Parce que M. Descartes & ses disciples veulent que les connoissances certaines dépendent de ce doute. Or il est constant que nos connoissances ne peuvent dépendre d'un doute feint & imaginaire.

M. Descartes ny ses disciples ne veulent point que les connoissances certaines dépendent du doute hypotetique comme de leur principe, mais seulement comme d'une condition sans laquelle nos connoissances ne seroient pas si certaines. C'est ce que M. Descartes a voulu enseigner dans ses Medit. page 501. lors qu'il a dit *que le doute seul* (il entend parler du doute hypotetique) *ne suffit pas pour établir aucune verité, mais qu'il ne laisse pas d'estre utile pour établir la verité.*

4. Parce que si un doute supposé de gayeté de cœur suffisoit pour nous faire soumettre à un nou-

vel examen tout ce qui est entré dans notre esprit, il faudroit eternellement s'occuper à ce nouvel examen sans jamais s'assurer de rien, parce qu'on peut eternellement feindre un semblable doute. Or les Cartesiens veulent qu'aprés ce doute on puisse s'assurer de quelque chose, & en cela se veulent distinguer des Pyrroniens ; & par consequent M. Descartes a entendu parler d'un doute veritable, effectif & absolu.

Il est vray qu'un doute hypotetique suffit pour nous faire soumettre à un nouvel examen tout ce qui est entré dans l'esprit: mais cela ne prouve pas qu'il faille eternellement s'occuper à cet examen sans jamais s'assurer de rien ; parce qu'on peut eternellement feindre ce doute. Car comme on ne feint ce doute que pour examiner de nouveau les raisons des choses qui paroissent evidentes; dés qu'on a trouvé ces raisons, on cesse de feindre qu'on doute, & par consequent de s'occuper à cet examen. C'est ainsi que M. Descartes en a usé; car ayant feint de douter de sa propre existence dans sa premiere Meditation, il en a cherché les raisons dans la seconde; & les ayant trouvées il a aussi-tôt cessé de douter, & s'est tenu pour tres assuré qu'il existoit; parce qu'il pensoit. Que M. du Hamel ne dise donc plus que le doute de M. Descartes est effectif & absolu : car outre que nous venons de prouver le contraire, M. Descartes proteste luy-mesme dans le trentiéme nombre de la premiere partie des principes, que son doute n'est qu'hypotetique.

CHAPITRE III.

Si ce doute est general, & s'il s'étend sur sa propre pensée.

J'ay dit dans le troisiéme Livre de la Metaphysique chapitre 3. que quand M. Descartes a enseigné qu'il vouloit qu'on doutât de tout, il n'a pas voulu comprendre dans ce doute sa propre pensée, parce qu'il sçavoit bien qu'il ne pouvoit pas douter s'il pensoit; mais qu'il y a voulu comprendre seulement toutes les autres veritez qui dépendent de cette premiere.

1. Cette réponse suppose que M. Descartes a entendu sa regle d'un doute serieux, veritable & effectif: ce qui est formellement contradictoire à la réponse que notre Auteur a donnée à M. Huet.

Il est vray que dans le dernier chapitre de la Metaphysique, j'ay dit que M. Descartes avoit excepté sa pensée de son doute general hypotetique: mais ayant reconnu depuis que je m'estois trompé, j'ay declaré dans la réponse à la censure de la philosophie Cartesienne, que le doute hypotetique de M. Descartes estoit general, c'est à dire qu'il comprenoit sa propre pensée ; comme il paroît par la seconde Meditation nomb. 4. où il examine *s'il est*, & *s'il existe*. Mais quand bien le doute de M. Descartes ne seroit pas general ; il ne s'ensuivroit pas pour cela que sa regle dûst estre entenduë d'un doute serieux & effectif : car quoyque j'aye excepté mon existence de mon doute, par des raisons que j'ay rapportées dans la Metaphysique livre 3. chapitre dernier ; cela n'empesche pas que mon doute ne soit hypotetique à l'égard de toutes les choses qui me paroissent evidentes, excepté à l'égard de ma pensée.

2. Il est clair que ce doute doit comprendre la propre existence, puisqu'il s'étend selon M Descartes aux choses qui nous paroissent les plus evidentes : & que nous ne sçavons pas si nous ne sommes point tels de nôtre nature, que nous nous trompions dans les choses les plus evidentes.

Je demeure d'accord que le doute de M. Descartes estant general, il doit s'étendre à sa propre existence : mais il ne s'ensuit pas delà que ce doute soit serieux & effectif. C'est pourtant ce qui fait le point de la question entre les Cartesiens & M. du Hamel.

3. Il n'y a pas plus de raison de douter des choses connuës par le raisonnement que par le jugement, si elles sont également evidentes. Or

suivant notre Auteur, toutes les choses evidentes sont egalement evidentes, comme toutes les choses vrayes sont egalement vrayes : c'est donc tomber proprement en contradiction de dire qu'il y a des idées vrayes qui sont plus claires que d'autres ; car c'est la mesme chose que si on disoit qu'il y a des idées vrayes, qui sont plus vrayes que d'autres idées vrayes : d'où il s'ensuit que s'il faut douter serieusement & effectivement des choses connuës par le raisonnement, il faut aussi douter serieusement des choses connuës par le jugement, comme de cette proposition : *je pense : donc je suis.*

Je pourrois répondre que cet argument n'est pas en forme, à cause qu'il s'agit dans la conclusion d'un doute serieux & effectif, duquel il n'est pas question dans les premisses : & pour rendre cette reponse plus intelligible, j'accorde la majeure qui est : *qu'il n'y a pas plus de raison de douter des choses connuës par le raisonnement que par le jugement, si elles sont egalement evidentes.* J'accorde aussi la mineure qui est, *que selon moy toutes les choses evidentes sont egalement evidentes.* J'accorde enfin la consequence qui porte que, s'il faut douter serieusement des choses connuës par le raisonnement, il faut aussi douter serieusement des choses connuës par le jugement, car cela est indubitable : mais je nie absolument qu'il faille douter serieusement des unes ny des autres, si elles sont evidentes ; il faut seulement

lement feindre qu'on en doute, afin de les examiner pour s'en rendre plus assuré ; or c'est tout ce que les Cartesiens demandent.

CHAPITRE IV.
Si aprés un doute general, on peut s'assurer de quelque chose.

Les Cartesiens pretendent se distinguer des Pyrroniens, en ce qu'ils ne veulent pas douter pour douter ; mais pour, aprés un examen suffisant, s'assurer des choses dont ils ont douté : au lieu que les Pyrroniens doutent pour douter, sans jamais s'assurer de rien. Mais il est clair que si l'on doute une fois serieusement & effectivement de tout, il est impossible de s'assurer d'aucune chose, quelque examen qu'on en fasse ; parce que si aprés un doute serieux on pouvoit s'assurer de quelque chose, ce ne pourroit estre que par l'evidence de la chose, puisqu'il n'y a point d'autre regle de la certitude humaine que l'evidence de la chose selon les Cartesiens. Or on suppose qu'ils doutent serieusement des choses les plus evidentes, mesme de leur propre pensée & de leur propre existence : & par consequent il est clair qu'aprés un doute general & serieux, il seroit impossible de s'assurer d'aucune chose, quelque examen qu'on en fist.

Il est vray que si les Cartesiens douteroient une fois serieusement de tout, il seroit impossible qu'ils s'assurassent jamais d'aucune chose, quelque examen qu'ils en fissent, parce qu'ils ne pourroient s'en assurer que par l'évidence : & l'on suppose qu'ils n'en auroient aucune, puis qu'ils douteroient serieusement de tout. Mais comme les Cartesiens ne doutent pas serieusement de tout, il n'est pas vray qu'ils ne puissent jamais s'assurer de rien. Ainsi pour revenir à l'argument de M. du Hamel, j'en accorde la majeure, qui est *que si l'on doute une fois serieusement de tout, il est impossible de s'assurer de rien.* J'accorde encore la mineure qui porte qu'on suppose *que les Cartesiens doutent serieusement de tout*; car il est vray que M. du Hamel le suppose. Mais je nie que cette supposition soit veritable; car les Cartesiens n'ont jamais douté serieusement de tout; d'où il s'ensuit que leur doute n'empesche pas qu'ils ne puissent s'assurer de quelque chose.

C'est pourquoy les Cartesiens sont distinguez des Pyrroniens, en ce qu'ils ne raisonnent pas consequemment, lors qu'ils disent qu'aprés un doute general on peut s'assurer de quelque chose ; au lieu que les Pyrroniens raisonnent consequemment à leurs principes, lors qu'ils disent qu'on ne peut s'assurer de rien aprés avoir douté de tout.

Il est vray que les Cartesiens ne raisonneroient pas juste, s'ils disoient qu'aprés un doute general & serieux on pourroit s'assurer de quelque chose ; mais ils raisonnent fort consequemment quand ils disent, qu'aprés un doute general, mais seulement hypotetique on peut s'assurer de quelque chose; parce que le doute general hypotetique n'exclud pas l'évidence, qui est necessaire pour acquerir de la certitude: ce qui fait voir que la distinction que M. du Hamel met entre les Pyrroniens & les Cartesiens n'a aucun fondement solide.

CHAPITRE VII.

Si l'évidence est le vray & unique caractere de la verité.

Notre Auteur dans sa Metaphysique livre 2. part. 1. chap. 19. debute par dire: *que personne ne doute que l'évidence ne soit la vraye marque de la verité; mais tout le monde ne sçait pas ce que c'est que l'évidence, ny pourquoy les choses évidentes sont vrayes.* Il explique ensuite en quoy consiste cette évidence, & dit *que ce n'est pas dans l'estre formel, mais dans l'estre objectif des idées, entendant par estre objectif, la vertu de representer.* Mais on dit, 1. qu'il n'est pas vray que personne ne doute que l'évidence ne soit la vraye marque de la verité, puisque les Pyrroniens en doutent, & que M. Huet mesme dans la censure de la Philosophie Cartesienne, prouve par un chapitre entier que l'évidence n'est point un caractere certain de la verité.

Je demeure d'accord que l'Auteur de la censure a fait un chapitre entier pour prouver que l'évidence n'est pas un caractere certain de la verité; mais il est vray aussi qu'il a esté répondu à cet Auteur par un autre chapitre entier: ce qui fait que M. du Hamel n'a pas droit de prendre les raisons de Mr. Huet, pour des preuves certaines, jusqu'à ce que le public les ait approuvées comme telles: ce qu'il n'a pas encore fait. Quant aux Sceptiques, j'ay fait voir dans le premier chapitre de la réponse à la censure de la Philosophie Cartésienne, que les raisons qu'ils ont de douter de tout, ne sont pas si solides que l'Auteur pense. En effet si vous demandez à un Sceptique, si ce principe: *Je pense, donc je suis*, est évident; il dira qu'il l'est. Et si vous luy demandez encore pourquoy il ne l'admet pas pour vray: il répondra qu'il se presentera peut-estre un jour quelque raison qui détruira celle qu'on luy propose: ce qui paroît si peu raisonnable qu'il y auroit sujet de croire, que ce n'est pas là le vray sentiment des Sceptiques, si nous n'en estions d'ailleurs convaincus par le témoignage de Sextus Empyricus, un des plus fameux partisans de cette secte, qui parle en ces termes: *Lorsque quelqu'un nous apporte une raison que nous ne pouvons détruire, nous luy disons: avant la naissance de la secte que vous suivez, & qui vous fournit cette raison, cette raison n'a pas paru bonne: cependant elle ne laissoit pas d'estre dans la nature, bien qu'elle ne fût pas connuë. Pourquoy* donc ne pourra-t-il pas arriver que la raison qui détruit celle que vous apportez, se trouvera un jour, bien qu'elle ne soit pas encore découverte? C'est pourquoy il ne faut pas se rendre à la raison qu'on apporte, quelque forte qu'elle paroisse pour le temps present. Or il est évident par ces paroles que quand Sextus Empyricus dit qu'il ne faut pas se rendre à l'évidence, ce n'est pas de l'évidence en general, dont il entend parler; mais de l'évidence qui est particuliere à chaque secte, laquelle se trouve souvent estre fausse. Or je soutiens que l'évidence de ce principe: *je pense, donc je suis:* est generale, c'est à dire commune à toutes les sectes, & qu'il n'y a que ceux qui ne sont pas sinceres à dire ce qu'ils pensent, qui puissent assurer qu'ils doutent s'ils sont, pendant qu'ils pensent estre.

2. Notre Auteur dit dans le titre de ce chapitre, que *l'évidence est l'unique caractere de la verité:* ce qui n'est pas vray, parce que les mysteres de nôtre foy ne sont pas évidens, & ont neanmoins le caractere de la verité: & partant l'Auteur ne parle pas exactement.

Quand je dis que l'évidence est l'unique caractere de la verité, cela ne doit estre entendu que de la verité naturelle: car j'ay declaré expressément dans plusieurs lieux de mon Systeme de Philosophie, que les veritez surnaturelles estoient d'elles-mesmes inconcevables. D'où il s'ensuit que les mysteres peuvent fort bien avoir un caractere de verité, qui consiste dans la revelation divine, sans toutesfois que cela détruise mon principe, qui ne regarde que les veritez naturelles. Je pourrois ajouter que si l'évidence n'est pas le caractere de la verité des mysteres, c'est au moins la regle de la verité des motifs qui nous portent à croire les mysteres ; ce qui fait que les similitudes, les comparaisons, & les autres motifs de credibilité, sont tres utiles pour prouver que Dieu a revelé les mysteres ; quoy qu'ils ne servent de rien pour expliquer les mysteres que Dieu a revelez. M. Descartes estoit si persuadé de cela, qu'il a osé dire dans la réponse aux secondes objections, *qu'un infidelle qui destitué de toute grace surnaturelle, & ignorant tout à fait que les choses que nous autres Chrestiens croyons, ont esté revelées de Dieu ; neanmoins attiré par quelque faux raisonnement se porteroit à croire les mesmes choses qui luy seroient obscures, ne seroit pas pour cela fidelle, mais plutôt il pescheroit, en ce qu'il ne se serviroit pas comme il faut de sa raison.* Il y a donc une grande difference entre prouver les mysteres, & prouver les motifs de credibilité des mysteres. Ces motifs sont de la portée de l'esprit humain, & la raison est obligée de les examiner, & de prendre pour regle de leur verité, l'évidence : au contraire les mysteres sont infiniment au dessus de la capacité de notre esprit ; & nous ne devons prendre pour caractere de leur verité, que la revelation divine.

3. La verité est indivisible, toutes les choses vrayes sont également vrayes : au contraire l'évidence est divisible en plusieurs degrez ; les choses évidentes ne sont pas également évidentes, les veritez de simple veuë sont plus évidentes que celles qui sont connuës par le raisonnement, les principes sont plus évidens que les conclusions : parce que comme le Soleil répand sa lumiere sur les autres planetes, de mesme la premiere verité répand son évidence sur les autres. Et si notre Auteur dit, *qu'il y a de la contradiction à soutenir qu'une idée vraye est plus évidente qu'une autre idée vraye* ; ce n'est que parce qu'il ne pouvoit autrement éluder l'argument proposé par M. Huet : car il conviendra de bonne foy avec Aristote, que *demonstratio procedit ex evidentioribus & certioribus*, c'est à dire que les premisses d'une demonstration sont plus évidentes & plus certaines que la conclusion, suivant cet axiome, *propter unum quodque tale, & illud magis tale.*

J'avouë que la verité est indivisible, c'est à dire qu'elle n'est susceptible ny de plus ny de moins. J'avouë encore que les choses vrayes sont également vrayes. Mais je soutiens que l'évidence considerée en elle-mesme est indivisible comme la verité. En effet l'évidence estant le caractere de la verité, il y auroit de la contradiction à dire qu'une évidence est plus évidente qu'une autre évidence: car ce seroit la mesme chose, que dire qu'une verité est plus verité qu'une autre verité; ce qui repugne. Il est vray qu'il y a des idées qui font connoître plus de proprietez de leur objet, que d'autres idées n'en font connoître du leur: mais cela ne veut pas dire que ces dernieres idées, en ce qu'elles font connoître, soient moins évidentes que les autres: cela signifie seulement que leur évidence n'a pas tant d'étenduë, parce qu'elles ne sont pas si completes que d'autres idées, c'est à dire qu'elles sont separées d'autres idées avec lesquelles elles devroient estre jointes pour composer une idée totale de l'objet, & de toutes les proprietez qu'il contient: ce qui fait voir que le plus ou le moins d'évidence des idées, n'est pas dans les idées mesmes, mais hors des idées, comme il a esté prouvé dans la réponse à la censure de la philosophie Cartesienne chap. 2. art. 9. C'est pourquoy je demeure d'accord avec Aristote, que la démonstration procede des choses plus évidentes aux moins évidentes: mais cela ne veut pas dire que quand par les choses les plus évidentes on est parvenu à connoître clairement celles qui estoient moins évidentes, ces dernieres ne soient aussi évidentes que les premieres : cela signifie seulement que les veritez de simple veuë, sont plutôt & plus facilement évidentes que celles qui ne sont connuës que par le raisonnement : c'est à cela seul que se rapporte cette maxime : *propter quod unum quodque tale, & illud magis tale.*

Il pouvoit neanmoins répondre à M. Huet, que quand on dit que l'évidence est la regle de la verité, cela signifie que l'évidence est la regle de la certitude que nous avons de la verité ; & que comme l'évidence est inégale, la certitude est pareillement inégale : mais il y a deux argumens *ad hominem*, ausquels il est difficile de répondre solidement.

Il n'estoit point necessaire de m'avertir que je pouvois répondre à M. Huet, que quand j'ay dit que l'évidence est la regle de la verité, j'ay entendu que l'évidence est la regle de la certitude que nous avons de la verité ; car cela ne se peut entendre autrement. J'avouë mesme que comme l'évidence est inégale au sens que j'ay dit dans la réponse à la troisiéme objection de ce chapitre, la certitude qui en dépend, est pareillement inégale au mesme sens. Nous allons voir les deux argumens *ad hominem*, que M. du

L v

Hamel va proposer contre cette doctrine.

Le premier se peut proposer en cette forme. Ce qui est commun à la verité & à la fausseté, n'est pas un caractere certain pour distinguer la verité d'avec la fausseté. Or est-il que l'évidence est commune à la verité & à la fausseté, parce qu'il *y a deux évidences ; l'une est veritable, & l'autre n'est qu'apparente* suivant notre Auteur chap 2, art. 3. de la réponse à M. Huet, & suivant tous les Cartesiens qui admettent pour évidemment vray ce qu'ils rejettent ensuite comme évidemment faux ; & par consequent l'évidence n'est pas un caractere certain pour distinguer la verité d'avec la fausseté.

Pour répondre à cet argument en forme, j'accorde la majeure, & je nie la mineure & la consequence : & la raison pour laquelle je les nie, est qu'il n'y a point d'évidence qui soit commune à la verité & à la fausseté. Car il faut remarquer que l'évidence apparente n'est pas tant une évidence qu'une erreur de l'esprit qui s'est laissé prevenir ou preoccuper : ce qui est tellement vray, que si ceux qui n'ont qu'une évidence apparente, estoient sinceres à dire ce qu'ils pensent, ils avoüeroient de bonne foy qu'ils n'ont pas l'évidence qu'ils disent avoir. On peut donc assurer que l'évidence est un caractere certain pour distinguer la verité d'avec la fausseté.

Et il est inutile de répondre comme fait l'Auteur, *que c'est dans l'évidence veritable que consiste la regle de la verité* ; car c'est revenir à la premiere question : car notre question est de trouver un caractere propre à distinguer l'évidence veritable d'avec la fausse, ce que les Cartesiens n'ont point trouvé, puisque souvent ils ont pris l'une pour l'autre.

Il n'y a aucun lieu de s'étonner que les Cartesiens mesmes qui admettent l'évidence pour regle de la verité deffendent des opinions contraires ; car il se peut aisément faire que les uns ayent une évidence veritable, lorsque les autres s'estant laissé prevenir n'ont qu'une évidence fausse ; ce qui les entraîne dans des sentimens contraires : cela n'empesche pas neanmoins qu'on ne doive recevoir l'évidence pour la vraye regle de la verité, quoy qu'il arrive souvent que les Cartesiens ne la sçachent pas distinguer de la prevention ; sans qu'il serve de rien de dire que c'est revenir à la premiere question, qui est de trouver un caractere propre à distinguer l'évidence veritable d'avec la fausse. Car M. Descartes enseigne dans plusieurs endroits de ses ouvrages par quelle voye on peut distinguer l'évidence d'avec la precipitation ou prevention, c'est à dire les idées claires qui sont claires en effet, de celles qui ne le sont que par erreur. J'enseigne aussi la mesme chose dans la Logique part. 4. chap. 5.

Le second argument *ad hominem* se peut reduire à cette forme, *Ce que nous ne sçavons pas certainement estre la regle de la verité, ne peut pas à notre égard passer pour un caractere certain de la verité. Or est-il que nous ne sçavons pas si l'évidence, mesme celle que l'Auteur appelle veritable, est la regle de la verité; car si Dieu vouloit par une volonté eternelle comme il veut tout ce qu'il veut, l'évidence veritable ne seroit plus la regle de la verité; puisque l'unique cause de la possibilité & de l'impossibilité des choses suivant notre Auteur, est la volonté de Dieu par son decret libre, & qu'il n'est impossible qu'une chose soit & ne soit pas en mesme temps, que parce que Dieu a voulu qu'une chose fût pendant qu'elle seroit. Par consequent suivant les principes de nostre Auteur l'évidence mesme veritable, n'est point à notre égard une regle certaine de la verité*, puis que nous ne sçavons pas quelle est la volonté de Dieu sur cette matiere.

J'accorde la majeure de cet argument, & je nie la mineure avec sa preuve, qui est que Dieu peut vouloir par une volonté eternelle que l'évidence veritable ne soit pas la regle de la verité: ce qui est absolument impossible. Car quoyque l'évidence ne soit la regle de la verité, que parce que Dieu a voulu qu'elle le fût; il ne s'ensuit pas qu'elle puisse jamais cesser d'estre cette regle; parce que Dieu veut immuablement tout ce qu'il veut immediatement, comme je l'ay prouvé dans le premier Livre de la Metaphysique chap. 8. dans le second livre part. 1. chap. 11. & encore plus expressément dans la réponse à l'Auteur de la censure de la philosophie Cartesienne chap. 8. art. 3. Je nie encore les preuves de la consequence, qui sont *que nous ne sçavons pas quelle est la volonté de Dieu sur cette matiere:* car personne ne peut ignorer que la volonté de Dieu à l'égard de l'évidence ne se manifeste en general à tous les hommes par la lumiere naturelle, & en particulier par l'idée claire de chaque chose : car il faut remarquer que la volonté de Dieu ne se manifeste pas seulement par des revelations positives, mais encore par des revelations naturelles, qui se font par la voye des sens & de la raison.

Et il ne faut pas dire comme l'Auteur, que si Dieu peut faire qu'une chose soit & ne soit pas, ce n'est que par sa puissance absoluë & extraordinaire, & non pas par sa puissance ordinaire, ce qui n'empesche pas que l'évidence ne soit la regle des veritez naturelles. Car quoyque Dieu puisse absolument interrompre le cours du Soleil, cela n'empesche pas que le cours ordinaire du Soleil ne soit la regle de la durée des choses. Cette réponse, dis-je, est inutile, 1. Parce que le cours ordinaire du Soleil nous est connu, & la volonté de Dieu, qui selon l'Auteur est la seule & unique cause de la possibilité & de la verité, ne nous est pas connuë. 2. Cette réponse est inutile aussi bien que la comparaison du Soleil, parce que la regle de la verité que nous cherchons doit s'étendre non seulement aux veritez necessaires d'une necessité Physique ; mais encore aux veritez necessaires d'une necessité Metaphysique & absoluë : d'où il s'enfuit que la regle de la verité doit estre certaine, non seulement d'une certitude Physique, qui ne puisse estre changée par la puissance ordinaire de Dieu ; mais encore certaine d'une certitude Metaphysique, qui ne puisse estre changée par sa puissance absoluë & extraordinaire ; au lieu que le cours du Soleil n'est la regle que des choses ordinaires & certaines d'une certitude Physique, & non d'une certitude Metaphysique.

Il est vray que dans la réponse à la censure de la philosophie Cartesienne page 114. j'ay dit que M. Descartes n'avoit jamais enseigné que Dieu pust faire que les choses évidentes fussent fausses ; & j'ay ajoutay que quand il l'auroit dit, cela ne devroit estre entendu que de la puissance de Dieu extraordinaire par laquelle nous sçavons, qu'il peut faire des choses que nous ne sçaurions concevoir, & que cela n'avoit aucun rapport avec la question dont il s'agissoit alors, qui regardoit seulement la puissance ordinaire de Dieu. Mais M. du Hamel a dû prendre garde que j'ay parlé là selon les principes de M. Descartes desquels il s'agissoit alors, & que je n'ay point du tout parlé selon les miens, suivant lesquels Dieu ne peut faire par aucune puissance, que les choses évidentes soient fausses. C'est ce que j'ay étably formellement dans le second livre de la Metaphysique part. 1. chap. 13. nombre 4. lorsque j'ay dit expressément *que Dieu ne peut faire les choses impossibles*, entendant par les choses impossibles, celles qui renferment quelque contradiction dans leur idée. Or il est manifestement impossible qu'une chose évidente ne soit pas vraye, puisque l'évidence & la verité sont réellement une mesme chose, comme je l'ay prouvé dans la réponse à la censure de la philosophie Cartesienne chap. 2. art. 1. lettre *a*. Je tombe donc d'accord avec M. du Hamel, que la regle de la verité que nous cherchons, doit s'étendre non seulement aux veritez necessaires d'une necessité Physique, mais encore aux veritez necessaires d'une necessité Metaphysique & absoluë. J'accorde encore que la regle de la verité doit estre certaine non seulement d'une certitude Physique, qui ne puisse estre changée par la puissance ordinaire de Dieu, mais encore certaine d'une certitude Metaphysique, qui ne puisse estre changée par la puissance de Dieu absoluë; ce qui convient parfaitement à mes principes, qui font que Dieu ne peut faire absolument les choses qui repugnent, comme il repugne qu'une chose évidente ne soit pas vraye.

Il seroit inutile de dire avec M. Descartes, que si Dieu permettoit que nous nous trompassions dans les choses évidentes, où nous usons aussi bien qu'il est possible de notre raison, Dieu seroit un trompeur ; ce qui est impossible. Car 1. notre Auteur abandonne cette réponse de M. Descartes. 2. Il n'est pas vray que si nous estions tels de notre nature que nous nous trompassions dans les choses évidentes, Dieu seroit un trompeur ; car Dieu en permettant que nous nous trompions, ne peut toutesfois passer pour trompeur, à moins qu'il n'ait promis d'empescher que nous ne nous trompions. Or est-il que Dieu n'a point promis d'empescher que nous ne nous trompions dans les choses évidentes, donc &c.

Puisque M. du Hamel reconnoît luy-mesme que j'ay abandonné la réponse de M. Descartes, lorsqu'il dit *que Dieu seroit un trompeur, s'il permettoit que nous nous trompassions dans les choses évidentes*, je ne suis plus obligé de répondre aux argumens qu'il propose dans le reste de ce chapitre, puisqu'ils supposent tous cette mesme maxime de M. Descartes que j'ay abandonnée.

CHAPITRE XXXII.

Si c'est la volonté qui juge & qui raisonne.

J'ay dit dans la Metaphysique partie 2. chap. 1. que pour avoir une idée distincte de la volonté, il faut dire qu'elle est *une puissance qu'a l'ame d'affirmer ou de nier ce que l'entendement luy represente comme vray ou comme faux, & d'embrasser ou de fuir ce que l'entendement luy represente comme bon, ou comme mauvais.*

1. On soutient que si la volonté juge, elle ne juge pas seule; & pour le prouver on se sert de la définition que l'Auteur a donnée de la volonté. Il dit que la volonté est une faculté que l'ame a d'affirmer ou de nier ce que l'entendement luy represente comme vray ou faux; d'où l'on forme cet argument contre l'Auteur mesme: *La faculté, qui dans ses pretenduës affirmations & negations suppose un jugement, ne juge pas seule si elle juge. Or est-il que la volonté suppose un jugement*, car le vray & le faux connu comme vray & faux renferment un jugement, puisque le vray & le faux dans les choses ne se disent vray & faux que par rapport au jugement de l'esprit, & non pas par rapport aux simples idées, ainsi que l'Auteur l'enseigne luy mesme. Or la volonté dans ses pretenduës affirmations & negations, suppose que l'entendement luy represente l'objet comme vray ou comme faux, suivant la definition qu'en apporte nôtre Auteur; *& par consequent la volonté ne juge pas seule, si elle juge.*

Si M. du Hamel avoit lû le troisiéme chapitre de la seconde partie de ma Metaphysique comme il a lû le premier, il auroit vû que j'y considere le vray & le faux comme composé de deux parties; sçavoir, de matiere & de forme; & que je dis ensuite que la matiere du vray & du faux dépend de l'entendement, & la forme de la seule volonté, comme je le prouve dans tout le corps de ce chapitre. Or cela posé, voicy comme je répons à l'argument de M. du Hamel. *La faculté qui dans ses pretenduës affirmations & negations suppose un jugement formel, ne juge pas seule si elle juge*: je l'accorde. *La faculté qui dans ses pretenduës affirmations & negations suppose un jugement materiel, ne juge pas seule formellement si elle juge*: je le nie. *Or est-il que la volonté suppose un jugement*: je distingue. *La volonté suppose un jugement materiel*: je l'accorde. *Un jugement formel*: je le nie: *Et par consequent la volonté ne juge pas seule si elle juge*: je distingue; *ne juge pas seule materiellement si elle juge*: je l'accorde: *ne juge pas seule formellement*, je le nie: Or c'est tout ce que j'ay pretendu prouver dans le premier chapitre, comme il paroît par le troisiéme.

2. On soutient que l'entendement seul juge, & que la volonté ne juge point d'elle-mesme; parce que juger n'est autre chose que connoître l'identité ou la distinction comme existante entre le sujet & l'attribut d'une proposition. Or l'entendement seul connoît l'identité & la distinction des choses; car la volonté d'elle mesme ne connoît rien, ainsi que notre Auteur l'avouë,

& par consequent c'est l'entendement seul qui juge.

Il est vray que l'entendement seul connoît l'identité ou la distinction des choses ; mais il ne s'ensuit pas delà que juger ne soit autre chose que connoître cette identité ou cette distinction : connoître cette identité ou cette distinction, n'est tout au plus que la matiere des jugemens, à laquelle il faut ajouter la forme, qui est l'action par laquelle la volonté affirme ou nie que cette identité ou cette distinction existent ; d'où il s'ensuit que ce n'est pas l'entendement seul qui juge, ainsi que M. du Hamel le pretend. C'est pourquoy je nie la majeure de son argument & la consequence.

En effet si la volonté jugeoit veritablement, les vertus qui consistent en jugemens appartiendroient à la volonté : Or les vertus qui consistent en jugemens, comme l'intelligence, la science, &c. n'appartiennent point à la volonté, mais à l'entendement ; car ce ne sont pas ceux qui ont la volonté plus droite, mais ceux qui ont l'entendement plus éclairé qui excellent dans ces vertus : ce n'est donc pas la volonté qui juge.

Avant que de répondre à cette objection, je prie M. du Hamel de remarquer que dans toutes les vertus, tant morales qu'intellectuelles il y a des jugemens, mais avec cette différence, que les jugemens qui sont dans les vertus intellectuelles, comme dans la science & dans l'intelligence, regardent la seule verité: & que les jugemens qui sont dans les vertus morales, comme dans la justice & dans la force, regardent la seule bonté: c'est pourquoy comme la verité prise materiellement est l'objet de l'entendement, & que la bonté prise aussi materiellement est l'objet de la volonté, on a eu raison d'attribuer à l'entendement les vertus, qui consistent en des jugemens qui regardent la verité, & de rapporter à la volonté celles qui consistent en des jugemens qui regardent la bonté, aprés quoy il est aisé de voir pourquoy ceux qui ont la volonté la plus droite ne sont pas toujours ceux qui excellent le plus dans les vertus intellectuelles; parce qu'il se peut faire qu'une personne qui sçait bien discerner le bien d'avec le mal, ne sçaura pas si bien discerner le vray d'avec le faux. Cela posé voicy comment je répons à cette objection. *Si la volonté jugeoit veritablement, les vertus qui consistent en jugemens appartiendroient à la volonté:* j'accorde cette majeure. Or *les vertus qui consistent en jugemens, n'appartiennent point à la volonté mais à l'entendement:* je nie cette mineure. En effet quand on attribuë ces vertus à l'entendement, ce n'est pas à dire qu'elles ne dépendent point de la volonté; mais cela signifie seulement que ces vertus ont pour but la verité, qui passe pour l'objet de l'entendement, comme il a esté remarqué.

Ce qui se confirme, parce que si le jugement estoit une action de la volonté, il seroit volontaire de luy mesme & par sa nature. Or le jugement n'est pas volontaire de luy-mesme & par sa nature, parce que les demons sont contraints de reconnoître qu'il y a en Dieu & une justice vengeresse; & par consequent ce que dit l'Auteur n'est pas veritable; sçavoir, *que nos jugemens sur les choses évidentes sont toujours volontaires.*

M. du Hamel remarquera s'il luy plait, qu'il y a cette difference entre la bonté & la verité, que la bonté nous touchant de plus prés que la verité, il n'y a qu'une action de la volonté à l'égard de la verité; sçavoir, celle par laquelle nous affirmons qu'il y a de l'identité ou de la distinction entre le sujet & l'attribut d'une proposition : Au lieu qu'il y a deux actions de la volonté, au regard de la bonté; l'une par laquelle nous affirmons que les choses sont bonnes ou mauvaises, & l'autre par laquelle nous nous joignons par l'amour aux choses qui sont bonnes, ou nous nous separons par la haine de celles qui sont mauvaises. C'est pourquoy si les de mons sont contraints de reconnoître qu'il y a en Dieu & une justice vengeresse, leur contrainte ne tombé pas sur le jugement qu'ils font, qu'il y a identité entre Dieu & la justice vengeresse (car ce jugement est tres volontaire) mais elle tombe sur la haine qu'ils conçoivent ensuite contre cette Justice. Cela posé voicy comment je répons en forme. *Si le jugement estoit une action de la volonté, il seroit volontaire de luy-mesme & par sa nature :* j'accorde cette majeure. *Or le jugement n'est pas volontaire de luy-mesme & par sa nature, parce que les demons sont contraints, &c.* je nie cette mineure & sa preuve ; *& par consequent ce que dit l'Auteur n'est pas veritable ; sçavoir que nos jugemens, &c.* je nie cette consequence.

 Au reste on demande à l'Auteur, qui a promis une idée claire de la volonté comme d'une faculté donnée à l'ame pour juger, s'il croit avoir tenu sa parole & avoir nettement prouvé que la volonté seule juge, quand il a dit : Lors que j'apperçois *deux fois deux & quatre*, ce n'est encore qu'une simple vuë de l'esprit ; mais quand j'ajoute à cela une action de la volonté, par laquelle j'assure que *deux fois deux font quatre*, pour lors je juge. Et on luy demande, si au lieu de dire : *Quand j'ajoute à cela une action de la volonté*, il avoit dit *quand j'ajoute à cela une action de l'entendement;* son discours auroit esté plus obscur? On croit qu'au moins il auroit esté plus veritab'e & plus conforme au sentiment de tous les autres Philosophes.

de M. du Hamel. 265

Si au lieu de dire ; *quand j'ajoute à cela une action de la volonté*, j'eusse dit : *quand j'ajoute à cela une action de l'entendement*, non seulement mon discours eût esté plus obscur ; je fusse encore tombé dans une contradiction ; en ce que j'eusse attribué de l'action à l'entendement, aprés l'avoir étably dans tout mon ouvrage pour une puissance purement passive : En quoy je ne suis pas si éloigné du sentiment des autres Philosophes, que M. du Hamel le dit. C'est pourquoy, puisque selon mes principes, l'affirmation & la negation sont des actions ; ce n'est point à l'entendement à qui j'ay dû les attribuer, mais à la volonté qui est seule capable d'agir, comme je l'ay prouvé dans le premier & dans le second chapitre de la seconde partie du second livre de la Metaphysique,

www.ingramcontent.com/pod-product-compliance
Lightning Source LLC
Chambersburg PA
CBHW050320170426
43200CB00009BA/1397